हमारा विश्वास हमारी प्रथाएं!

विज्ञान की कसौटी पर

हमारा विश्वास हमारी प्रथाएं!

विज्ञान की कसौटी पर

डॉ. तेजस्विनी गुहा

Worldwide Published by

Pendown Press

PENDOWN PRESS LLP
An ISO 9001 & ISO 14001 Certified Co.,
Regd. Office: 3767A, Kanhaiya Nagar,
Tri Nagar, Delhi-110035
Ph.: 8130886000, 9650072927, 8595249536
E-mail: info@pendownpress.com
Branch Office: 1A/2A, 20, Hari Sadan, Ansari Road,
Daryaganj, New Delhi-110002
Ph.: 011-45794768
Website: PendownPress.com

First Edition: 2023
Price: ₹299/-
ISBN: 978-93-5554-765-1

Layout and Cover Designed by Pendown Graphics Team
Printed and Bound in India by Thomson Press India Ltd.
Translation by Pendown Press Translation Team

समर्पण

भावी भारत के विचार निर्माता शिक्षक वर्ग को समर्पित

विषय-सूची

भूमिका

जो विचार इस पुस्तक में व्यक्त किए गए हैं, उनकी आवश्यकता क्यों है? इसके दो प्रमुख पहलू हैं। प्रथम यह कि जब भी कोई बाहरी कौम आकर किसी देश पर राज करती है, तो वह उस देश के दिलोदिमाग पर अपनी पकड़ मजबूत करने के लिए, अन्य चीजों के अलावा एक मनोवैज्ञानिक अस्त्र का भी उपयोग करती है। वह यह कि उस देश की आस्थाओं पर, विश्वास पर, जो कि उसे प्रेरणा व गौरव महसूस कराती हैं, आत्मबल देती हैं, संघर्षों का सामना करने की शक्ति देती हैं, उन्हें गलत साबित किया जाए; उन्हें "अंधविश्वास" साबित करते हुए; लोगों के मन में अपने मूल्यों के प्रति, फिर अपनी संस्कृति के प्रति, हीन भावना भर दी जाए। जब जनमानस में अपने मूल्यों के प्रति हीन भावना आ जाती है, तो वह उनका मनोबल घटाकर उन्हें निरुत्साहित और हताश कर देती है। फिर ऐसी कौम पर राज्य करना आसान हो जाता है। अंग्रेजों ने हमारे साथ ठीक यही किया था।

"Men often become what they believe themselves to be. If I believe I can not do something, it makes me incapable of doing it. But when I believe I can, then I acquire the ability to do it, even when I didn't have it in the beginning."

~Mahatma Gandhi

अंग्रेजों के साथ क्रिश्चियन मिशनरी भी आए। वे 'ईसाई धर्म' को विश्व का सर्वश्रेष्ठ धर्म मानते थे। उनका मुख्य उद्देश्य धर्म-परिवर्तन कराना। धर्म-परिवर्तन हेतु, पहली आवश्यकता थी कि व्यक्ति का उसके स्वयं के धर्म से विश्वास हटा दिया जाए। उन्होंने मिशन स्कूलों में,

अंग्रेजी शिक्षा के माध्यम से तथा अंग्रेज इतिहासकारों द्वारा लिखी गई, ऐसी किताबों से पढ़ाया; जिनमें देशाभिमान व स्वाभिमान जगाने वाली घटनाओं का ज़िक्र ही नहीं था। झूठे-सच्चे प्रचारों का भी भरपूर सहारा लिया गया और अंतत: वे अपने मकसद में सफल रहे। अंग्रेजी सत्ता व शासन उनके साथ था। देश की भावी पीढ़ी को प्रभावित करने में वे सफल रहे। वे ऐसे लोग भी तैयार कर सके, जो शरीर से भारतीय थे, किन्तु विचारों से अंग्रेज। नतीजा यह हुआ कि अंग्रेज सौ साल, हम पर राज करने में सफल रहे। सौ वर्ष एक लंबा अरसा होता है; इतने वर्षों तक देश के उद्योग, व्यापार, कला, संस्कृति, दक्षता, आस्था, विश्वास, उसके मूल्य; विपरीत रूप से प्रभावित होते रहे।

आज हम स्वतंत्र हैं, मानसिक रूप से पुन: विचार करने के लिए। न केवल हम स्वतंत्र हैं, बल्कि हम विज्ञान के युग में भी हैं; हमारी आस्थाओं को, प्रथाओं को, विज्ञान की कसौटी पर परखने के लिए और परखकर स्वाभिमान के साथ अपनाने के लिए। अपनाकर विश्व को दिशा दिखाने के लिए।

विचारों को अभिव्यक्ति देने का दूसरा पहलू यह है कि समय-चक्र बदल रहा है। सुप्रसिद्ध लेखक डॉ. जेम्स रोजलिंग, प्रोफेसर इंटरनेशनल हेल्थ सलाहकार विश्व स्वास्थ्य संगठन (W.H.O.), एवं यूनिसेफ (UNICEF) ने यह राय व्यक्त की है कि वर्तमान परिवर्तन इस बात की पुष्टि करते हैं कि भारत व अफ्रीका जैसे देश, अपने आप को, आर्थिक रूप से सशक्त करने में सफल हो रहे हैं; और आने वाले समय में, यूरोप और अमेरिका के टूरिज्म विभाग को भारत, चीन व अफ्रीका से आने वाले टूरिस्ट्स का इंतजार रहा करेगा। इसी प्रकार व्यापार, प्रोडक्शन, सेल्स और मार्केटिंग के क्षेत्र में, यूरोप तथा अमेरिका की सुप्रसिद्ध व्यापार कम्पनियों को यह समझना होगा कि 'भविष्य का विश्व मार्केट' एशिया एवं अफ्रीका में होगा, न कि पश्चिमी देशों में। 'गूगल' (Google) एवं 'माइक्रोसॉफ्ट' ने विश्व-स्तरीय (Global Level) व्यापार कम्पनियाँ होकर उदाहरण प्रस्तुत कर दिया है।

व्यापार में निवेश के मामले में भी, यह आवश्यक हो गया है कि यूरोप व अमेरिका अपनी पुरानी संकीर्ण कोलोनियल सोच को त्यागकर, घाना, नाइजीरिया, केन्या, भारत, बांग्लादेश आदि को लाभप्रद स्थान मानें।

"India has become a 'must have' 'Market' for most global investors. The never seen before liquidity rush into the Indian market, both through public and private market deals, is a testament to the growing, importance of the country in the playbook of the global investors."

Economic Times, 4th Dec, 21

न केवल व्यापार बल्कि अन्य क्षेत्रों में भी वैश्वीकरण (Globalisation) की प्रक्रिया जारी है। भारत के शिक्षित (विशेषकर साइंस, कॉमर्स, मेडिकल, इंजीनियरिंग आदि विषयों में) बेटे, बेटियाँ जब यूरोप और अमेरिका जाते हैं तो वे देश के राजदूत, संदेशवाहक की तरह होते हैं। वे अपने विचारों की अभिव्यक्ति से वह परिवर्तन ला सकते हैं, जिसकी आज विश्व को जरूरत है, विश्व शांति और पर्यावरण संरक्षण के लिए।

शिक्षक-गण, देश के बच्चों के मन में, पुस्तक में व्यक्त विचारों द्वारा आत्मसम्मान, देशाभिमान, आत्मविश्वास आदि की ठोस नींव डाल सकते हैं। इसी आशा और विश्वास के साथ यह पुस्तक उन्हें समर्पित की गई है। सुप्रसिद्ध वैज्ञानिक डॉ. ए.पी.जे. अब्दुल कलाम के ये शब्द इसे बेहतर व्यक्त करते हैं।

"Our children are links of a great past to a great future. Teachers can ignite their minds and release the dormant, inner mental energy so that when they grow the radiance of such minds embarked on constructive endeavour will bring prosperity and bliss to our nation and world at large."

आभार

मैं इस पुस्तक को लिखूँ, और भारत के प्राचीन मूल्यों, परंपरागत कार्य प्रणाली को, विज्ञान की कसौटी पर खरा साबित करते हुए आधुनिक समाज के सामने पेश करूँ, इसकी प्रेरणा मुझे सुप्रसिद्ध वैज्ञानिक डॉ. ए.पी.जे. अब्दुल कलाम की पुस्तक 'The Ignited Minds' से मिली। खासकर उनकी इस अभिव्यक्ति से कि अब हमें गुलामी के दिनों की मानसिकता त्याग देनी चाहिए क्योंकि,

"If we fall back on the knowledge-bank that we have in our own country, it could be greatest asset–not only for this nation's well being, but for the world's well being as well."

"All methods coming from the west, are generally in the short term, everything is just "use and throw" including the human being. And we have come to this confusion because of political and other kinds of dominance; that if, something comes from West, it becomes "Sience", if it comes from East it becomes "superstition". Many of the things that your grandmother must have told you, are today being discovered in the top scientific laboratories, as great discoveries about human nature."

प्रेरणा मिली किन्तु विचारों को कलमबद्ध करने की ऊर्जा मुझे देश के रक्षामंत्री, श्री राजनाथ सिंह जी के उस वक्तव्य से मिली जिसमें उन्होंने कहा था, वे 'भारत को विश्व-गुरु के रूप में देखना चाहते हैं।'

लेख लिख लेने के बाद, मन में यह सवाल उठा कि इनके प्रति किसी दूसरे की प्रतिक्रिया व राय भी तो जानूँ और इसमें सहायता की मेरी बेटी स्वागता गोयल ने, जो डी.बी. शैंकर संस्था में, डेप्युटी जनरल मैनेजर है। उसने अपने व्यस्त कार्यक्रमों से समय निकालकर, प्रत्येक लेख को सुना और अपनी बेशकीमती राय व सुझाव देकर लाभान्वित किया।

गंभीर चिंतन, विचारों के सिलसिले से आते रहना और उनकी लिखित रूप में अभिव्यक्ति के लिए, शांत, सुन्दर और प्रेरणादायक वातावरण की जरूरत होती है। ऐसा स्थान दिलाने और मुझे हर प्रकार से चिन्तामुक्त रखने के लिए, मैं मेरे दामाद श्री संजय गोयल, जो कि साउथ ईस्ट एशिया, बेलोरे लॉजिस्टिक्स (Ballore Logistics) के सी.ई.ओ. एवं डायरेक्टर हैं, उनके प्रति आभार व्यक्त करती हूँ।

गोयल परिवार के प्रमुख एवं रिटायर्ड एजुकेशन ऑफिसर, श्री श्रीनिवास गोयल जी ने शब्द-लिपि में जहाँ भी त्रुटि पाई, उसमें सुधार किया। इनका मैं विशेष रूप से आभार व्यक्त करती हूँ।

वे सभी जिनसे मैंने प्रेरणा पाई, जिन्होंने मेरे विचारों को लेखनी-बद्ध करने के लिए आवश्यक उचित वातावरण दिया, वे सभी इस पुस्तक के सहयोगी और सहभागी हैं और धन्यवाद के पात्र हैं।

लेखिका का परिचय

व्यक्ति का सही परिचय तो उसके विचारों से प्राप्त होता है, और वह इस पुस्तक द्वारा स्वयं दे दिया जाएगा। अन्य प्रमुख घटनाएँ एवं उपलब्धियाँ इस प्रकार हैं–

जन्म : सन् 1930, स्थान – ग्राम कुसमी, जिला नरसिंहपुर, म.प्र.।

माता-पिता : माँ – सामान्य किसान परिवार की बेटी।

पिता : एम.ए. (इतिहास) की उच्च शिक्षा प्राप्त, ट्रेंड शिक्षक।

पति : श्री एस. गुहा – इंजीनियर।

विशेष घटना – जिसने जीवन पर गहरा प्रभाव डाला – 2 वर्ष की आयु में माँ का निधन, पिता का दृढ़ संकल्प कि वे बेटी को बड़ा करने, उसे उत्तम संस्कार, आचार-विचार व उच्च शिक्षा देने हेतु पूर्ण समर्पित रहेंगे, दूसरा विवाह नहीं करेंगे। मेरा लालन-पालन व आरंभिक शिक्षा उन्हीं के द्वारा किया गया। मुझ पर पड़े प्रभावों में सबसे प्रमुख प्रभाव, जो मेरे व्यक्तित्व में नींव के पत्थर की तरह समा गया, वह था–

"अपने लक्ष्य एवं कार्य के प्रति पूर्ण समर्पित रहो।" मेरे जीवन की समस्त उपलब्धियों का श्रेय उनकी इसी देन को जाता है।

उपलब्धियाँ: शिक्षा – मेडिकल ग्रेजुएट (M.B.B.S.)

सेवा विभाग: स्वास्थ्य सेवाएँ, म.प्र. शासन।

(Specialisation) विशेषज्ञता प्राप्ति के स्थान व विषय— भारत शासन द्वारा चयनित व प्रतिनियुक्त—

1. अमेरिका: क्रमशः न्यूयॉर्क, बर्कले, मिशीगन तथा वाशिंगटन यूनिवर्सिटी में अध्ययन हेतु प्रतिनियुक्ति।

2. विश्व स्वास्थ्य संगठन (W.H.O.) द्वारा: स्थान – थाइलैंड, यूगोस्लाविया, इंग्लैंड।

विषय: 'पब्लिक हेल्थ' स्वास्थ्य सेवाएँ ग्रामीण अंचल में।

प्राइमरी हेल्थ सेंटर की टीम – डॉक्टर, नर्स, स्वास्थ्य कार्यकर्ता का उनके कार्य संबंधी प्रशिक्षण।

विदेशों में प्रशिक्षण से लौटने के बाद – W.H.O., UNICEF व DANIDA के लिए किए गए कार्य–

WHO: स्वास्थ्य कार्यकर्ता का 'वर्क्स मैन्युअल' टीकाकरण कार्यक्रम में।

UNICEF: आंगनवाड़ी कार्यकर्ता मैन्युअल।

DANIDA: (Denmark Agency Programme in M.P. State)

हेल्थ एजुकेशन सामग्री (I.E.C. Material) तैयार की।

सेवानिवृत्ति: सन् 1990 में, पद – Joint Director and Principal, Health & Family Welfare Training Institute, Jabalpur, M.P. state.

सूर्य नमन

भारत में आज भी अनेक स्थानों पर, प्रात: स्नान के बाद सूर्य देव को एक लोटा जल चढ़ाते हुए, नमन करने की प्रथा देखी जा सकती है।

भारत का 'कोणार्क सूर्य मंदिर' सूर्य आराधना का सुन्दर साक्षी है। तेरहवीं शताब्दी (1250) में बना, ओडिशा प्रांत में स्थित यह मंदिर कलिंगआर्ट कलाकृति का एक श्रेष्ठ उदाहरण है। इसे पत्थरों में तराशा गया है। इसकी उत्कृष्ट कलाकृति के लिए, कवि रवीन्द्रनाथ टैगोर उर्फ गुरूदेव ने लिखा, "कोणार्क की कलाकृति वह है जिसमें पत्थरों की भाषा, मानव-रचित भाषा से अधिक श्रेष्ठ व प्रभावशाली है। इस प्रसिद्ध

सूर्य मंदिर को 'यूनेस्को' द्वारा सन् 1984 में ही "विश्व कलाकृति की धरोहर" घोषित किया जा चुका है।

भारत ही नहीं बल्कि, विश्व की समस्त प्राचीन सभ्यताएँ, सूर्य को शक्तिमान मानते हुए, उसके प्रति आभार व्यक्त करती रही हैं, जैसे—इजिप्ट (मिश्र देश), (वर्तमान इराक), ग्रीस (यूनान), मेक्सिको, चीन, दक्षिण अमेरिका, उत्तर अमेरिका के मूल निवासी रेड इण्डियन आदि।

हमारे आदि-पूर्वज आर्य, प्रकृति को, जीवनदायिनी, सबकी पोषक व अत्यंत शक्तिशाली मानते थे। वे उसकी हर शक्ति को, देवतुल्य मानते थे। अतः अग्नि, वायु, जल, आकाश, पृथ्वी सभी पूजनीय थे। आज विज्ञान ने यह साबित कर दिया है कि संपूर्ण ब्रह्माण्ड, यह पृथ्वी, मनुष्य व अन्य प्राणियों के शरीर, सभी इन्हीं पाँच तत्त्वों से बने हैं।

हालाँकि पाश्चात्य जगत की विचारधारा इसके विपरीत थी। वे स्वयं को यानी मनुष्य को सर्वोपरि व मौलिक मानते थे, जिसे प्रकृति के हर संसाधन का, चाहे कितना भी असंगत क्यों न हो उपयोग करने का हक था।

इन दो विपरीत विचारधाराओं के अनुसार, रीति-नीति और बर्ताव भी भिन्न होते चले गए। भारत व अन्य प्राचीन सभ्यता वाले देश, सूर्य को पूजनीय मानते गए और पश्चिम इसे अंधविश्वास मानता गया।

परन्तु जैसे-जैसे सूर्य और पृथ्वी ग्रह का वैज्ञानिक अध्ययन बढ़ता गया, यह प्रमाणित होता गया कि सूर्य ही वह एकमात्र ऊर्जा-केन्द्र है जिस पर पृथ्वी ग्रह की मशीन का सुचारू रूप से चलना निर्भर करता है।

नोट: सूर्य नमस्कार के बारे में भी यहाँ उल्लेख हो सकता है।

सूर्य है तो पृथ्वी पर हवाओं (Winds) का संचालन है।

जब सूर्य, अपनी प्रखर ऊर्जा से भूमध्यरेखा क्षेत्र (Equatorial region) को गर्म करते हैं, तब वहाँ से गर्म हवाएँ ऊपर उठती हैं और बर्फ से ढके ठंडे ध्रुवीय क्षेत्र (Polar regions) की ओर चलती हैं। उनके जाने से जो कम दबाव वाला क्षेत्र (Low pressure area) बनता है, उसकी ओर ठंडी ध्रुवीय हवाएँ आती हैं। अतः सूर्य ऊर्जा पर ही पृथ्वी ग्रह की हवाओं का संचालन निर्भर है।

ये वे ही बहुउल्लेखित हवाएँ हैं, जिनके रुख पर प्राचीन समय में, समस्त समुद्री यात्राएँ निर्भर करती थीं, विश्व-व्यापार निर्भर रहा करता था। उन्हें 'ट्रेड विन्ड्स' (Trade winds) का नाम ही दे दिया गया था।

सूर्य ऊर्जा पर न केवल पृथ्वी की हवाएँ निर्भर हैं बल्कि समुद्र में प्रवाहित होने वाली, अति आवश्यक व नियमित समुद्री जल-धाराएँ भी क्योंकि वे वायुधाराओं द्वारा पैदा की जाती हैं।

सूर्य ऊर्जा, वायु (Winds) तथा समुद्री जलधाराओं की परस्पर निर्भरता के एक उदाहरण का यहाँ उल्लेख किया जा रहा है:-

समुद्री जल धाराएँ भी सूर्य से प्राप्त की गई उष्णता को, पृथ्वी के विभिन्न समुद्र-तटीय क्षेत्रों में पहुँचाने का कार्य करती हैं, जैसे–"गल्फ स्ट्रीम" जल धारा (Tropical area) भूमध्य रेखा के 23 डिग्री ऊपर व 27 डिग्री नीचे वाले क्षेत्र से गरम जल धारा, अटलांटिक सागर जाती है और वहाँ यूरोप के उत्तर-पश्चिमी क्षेत्र को गर्मी प्रदान करती है। यदि ऐसा न होता तो यूरोप केवल एक बर्फीला क्षेत्र बनकर रह जाता।

सूर्य से ऊर्जा लेकर ही समस्त पेड़-पौधे अपना भोजन तैयार करते हैं। इस प्रक्रिया (Photosynthesis) में वे "ऑक्सीजन" छोड़ते हैं और कार्बन-डाइ-ऑक्साइड भीतर लेते हैं। यह 'ऑक्सीजन' मनुष्य व अन्य सभी प्राणियों के लिए "प्राणवायु" है। इस प्रकार हम कह सकते हैं कि सूर्य है तो पृथ्वी पर जीवन है।

जैसे-जैसे वैज्ञानिक संसाधन एवं खोज आगे बढ़ी उसने 'सत्य' के और निकट से दर्शन कराए। "अमेरिकन स्पेस अनुसंधान स्पेस एजेन्सी NASA ने कई बिलियन डॉलर खर्च करने के बाद यह खोज की कि "सूर्य एक महा-विशाल "न्यूक्लियर रिएक्टर" है जिसमें हीलियम (Helium) और 'हाइड्रोजन' (Hydrogen) की परस्पर प्रतिक्रिया से, लगातार विशाल ऊर्जा उत्पन्न होती रहती है जो पृथ्वी को उचित तापमान व ऊर्जा देते रहती है। किन्तु, यह अनंत नहीं है। जैसे-जैसे 'हीलियम' का भंडार समाप्त होते जाएगा वैसे-वैसे सूर्य-प्रकाश व सूर्य ऊर्जा भी कम होते जाएगी। इसके अनुसार पृथ्वी का तापमान भी गिरता जाएगा। सूर्य-प्रकाश के अभाव में वनस्पति, पेड़-पौधे भी भोजन बनाना व ऑक्सीजन देना बंद कर देंगे। प्राणवायु ऑक्सीजन के बिना, यह पृथ्वी रहने योग्य ग्रह न बचेगी।

वैज्ञानिकों का यह अनुमान है कि पाँच बिलियन वर्षों बाद, जब हीलियम का भंडार समाप्त हो जाएगा तो सूर्य-प्रकाश, सूर्य ऊर्जा, सूर्य

से प्राप्त होने वाली गर्मी सभी समाप्त हो जाएंगे। पृथ्वी पूर्ण अंधकार में डूब जाएगी और उस पर जीवन समाप्त हो जाएगा।

विज्ञान द्वारा इन समस्त अटल, शाश्वत सत्यों को साबित करने के बाद, अब इस तर्कसंगत बात पर गौर करें कि अमेरिकन रिसर्च एजेन्सी (NASA) ने करोड़ों मिलियन डॉलर की राशि केवल ये पता करने में लगा दिया कि सूर्य कैसे बना है? कैसे काम करता है? और कब तक टिकेगा? और इस शाश्वत सत्य को उजागर करने में लगाया कि—

सूर्य है तो समस्त प्राणिजगत है, सूर्य है तो यह पृथ्वी एक सजीव ग्रह है!

उस राशि से विश्व के करोड़ों कुपोषित बच्चों को, पोषक-आहार देकर उन्हें स्वास्थ्य लाभ दिया जा सकता था; मात्र इस अटल सत्य को श्रद्धासहित अपनाकर कि 'सूर्य है तो पृथ्वी पर जीवन है।'

भारत और विश्व की समस्त प्राचीन सभ्यताओं ने आभारयुक्त हृदय से, इस महान शक्ति को आदरपूर्वक नमन किया और पूजा की तो क्या गलत किया? अब तो पूरी दुनिया ने मान लिया है कि वह अटल सत्य पर आधारित दृढ़ विश्वास था, न कि अंधविश्वास!

माँ गंगे (गंगा मैय्या)

अपनी ऊँचाई के लिए विश्व विख्यात हिमालय की चोटियाँ सदैव बर्फ से ढकी रहती है। इनसे सरकती हुई बर्फ की नदियाँ (ग्लेसियर) नीचे आती हैं। ऐसी ही एक ग्लेसियर "गंगोत्री" से गंगा का जन्म हुआ है। इसे हम हिमालय की बेटी "हिमकन्या" कहें तो गलत न होगा।

गंगा, हिमालय के द्वारा ही दिया गया एक वरदान है।

हिमालय की पेड़ पत्तियों, जड़ी-बूटियों में अनेक रोगों की औषधियाँ हैं। गंगा इनके अंश लेती हुई आती है, जिनका अध्ययन अब किया जा रहा है।

- गंगाजल कीटाणुनाशक व रोग निवारक है।
- मीलों का मार्ग तय करती हुई जब वह आती है तो अपने साथ अत्यंत उपजाऊ माटी (Alluvial soil) लेती हुई आती है; जिसे उसने उत्तर भारत के समतल मैदानों में बिखेरकर, उन्हें धान्य-धन से परिपूर्ण किया है।
- कोटि-कोटि कृतज्ञ भारतवासियों के लिए गंगा पूजनीय है।
- कोटि-कोटि भारतवासियों के लिए "कष्ट व रोग निवारक गंगा मैया है।
- कोटि-कोटि भारतवासियों के लिए पोषक – माँ गंगा है।
- क्या यह सब निरा अंधविश्वास है?

अंग्रेज शासकों ने भले ही हमें नीचा दिखाने के लिए इन भावनाओं को, इस अटूट श्रद्धा भरे विश्वास को अनपढ़ व अनगढ़ लोगों का अंधविश्वास कहा हो किन्तु गंगाजल ने स्वयं अपनी श्रेष्ठता व विशेषता के प्रमाण उसी समय और वह भी स्वयं ब्रिटिश डॉक्टरों व अधिकारियों के द्वारा सिद्ध करा दिए; इसके कुछ उल्लेख निम्नलिखित हैं–

ईस्ट इण्डिया कम्पनी के लोग जब भी इंग्लैंड जाते थे तो अपनी तीन महीने की यात्रा के लिए, कनस्तरों में भरकर गंगाजल ले जाया करते थे क्योंकि केवल यही जल तीन माह के अंत तक स्वादिष्ट और ताजा बना रहता था।

उन्हीं वर्षों में ब्रिटिश डॉ. सी.ई. नेलसन ने गंगाजल की विशेषता का उल्लेख करते हुए कहा कि गंगा का हुगली के पास से लिया हुआ मटमैला जल भी इंग्लैंड की लंबी यात्रा के अंत तक ताजा और कीटाणुरहित पाया गया।

ब्रिटिश डॉक्टर हैन्सबरी ने उल्लेख किया कि हैजा (Cholera) जैसी घातक बीमारी के कीटाणु, गंगाजल में रखने के बाद तीन घंटों में नष्ट हो गए जबकि यही कीटाणु शुद्ध छने हुए अन्य साधारण पानी में 48 घंटों बाद भी जीवित पाए गए।

फेलिक्स डी. हेलेरी जो कि माइक्रोबायोलॉजी विशेषज्ञ थे, उन्होंने सन् 1927 में उल्लेख किया है कि गंगा नदी में बहते हुए हैजा से मृत शरीर के कुछ फीट नीचे से जो गंगाजल एकत्र कर जाँचा, वह कीटाणुरहित निकला बाकि न्दी होती तो ऐसी ही परिस्थिति में एकत्र किए गए जल में लाखों कीटाणु पाए जाते।

> उपरोक्त सभी अनुभव एवं अवलोकन यह सिद्ध करते हैं कि गंगाजल में कीटाणुनाशक (Antibacterial) एवं रोग निरोधक (Antiseptic) गुण हैं।

हिन्दू घरों में एक पात्र भर गंगाजल अवश्य रखा जाता है (यह एक लंबे अरसे, जैसे–वर्ष भर के बाद भी शुद्ध बना रहता है); विशेषकर इस प्रचलित प्रथा के कारण कि जब व्यक्ति का अंत समय आए तो उसके मुख में, तुलसी के दो पत्ते और गंगाजल अवश्य डाला जाए।

गंगाजल की इस विशेषता को जानने के लिए, श्री डी.एस. भार्गव द्वारा जो कि विश्वविद्यालय रूड़की में पर्यावरण इंजीनियर व विशेषज्ञ के पद पर थे, तीन वर्षों तक (1982 से 1984 तक) रिसर्च की और उन्होंने पाया कि गंगाजल में ऑक्सीजन की लंबे समय तक मौजूदगी व घुलनशीलता कायम रहती है और इसीलिए यह वर्ष भर बाद भी ताजा बना रहता है।

> गंगाजल की "ऑक्सीजन की घुलनशीलता" अपने में बनाए रखने की क्षमता, विश्व की किसी भी अन्य नदी से 15 से 25% अधिक है।

Ganga's oxygen retention power is 15-25 times higher than any other river in the world.

इन सब विशेषताओं के रहते यह अतिशयोक्ति न होगी, यदि हम गंगा को अद्वितीय व विश्व की नदियों में बेजोड़ नदी मानें, जो अनेक वैज्ञानिक अध्ययन व अनुसंधानों के योग्य है।

ऐसी गंगा की यदि हमने आरती उतारी तो क्या गलत किया? किन्तु फिर प्रगतिशील एवं विकासशील पश्चिमी जगत से 'औद्योगीकरण' एवं 'शहरीकरण' की प्रणाली आई और गंगा के किनारे बसे शहर कानपुर, इलाहाबाद, पटना आदि में कल-कारखाने बने, आबादी बढ़ी और फिर कारखानों से निकला (केमिकल) रसायनयुक्त प्रदूषित जल तथा घनी आबादी का मल-मूत्र सीधा गंगा में बहाया जाने लगा। उनके लिए गंगा, गंदगी बहा ले जाने का एक जरिया थी। एक नाला, एक बड़ी ड्रेन थी। पूजने योग्य गंगा मैया न थी। यदि होती तो आज गंगा विश्व की सर्वाधिक प्रदूषित नदियों में से एक न होती।

यदि हिमालय के दिए हुए इस 'वरदान' के प्रति आदर होता, आभार होता तो कारखाने स्थापित करने से पहले, उनसे निकलने वाले रसायनयुक्त प्रदूषित जल को शुद्ध करने वाली मशीनें लगाई जातीं। इसी प्रकार, घनी आबादी के मल-मूत्र युक्त जल को शुद्ध करने के यंत्र लगाए जाते और इन यंत्रों से शुद्ध किए गए जल को गंगा में बहाया जाता।

उन भोले-भाले भारतवासियों ने जिन्हें अनपढ़, अनगढ़, अंधविश्वासी कहा गया, उनके लिए गंगा जीवनदायिनी माँ थी, पूजनीय थी, उन्होंने सदियों तक उसे पावन, पवित्र रखा और इसी आस्था के अभाव ने गंगा को नहाने तक के लिए अनुपयुक्त बना दिया।

गंगा केवल भारत की ही नहीं बल्कि विश्व की एक अनमोल, अति विशिष्ट नदी है, जिसके जल में; रिसर्च (वैज्ञानिक परीक्षण) द्वारा अन्य गुणों के अतिरिक्त, अब यह भी पाया गया है कि वह पेनिसिलिन व अन्य आधुनिक एन्टीबायोटिक के प्रति जो प्रतिरोधक शक्ति (Resistance) बढ़ती जा रही है, उस प्रतिरोध (Resistance) को मिटा देने में सक्षम है। बढ़ता एन्टीबायोटिक के प्रति अवरोध, आधुनिक चिकित्सा-जगत की

बड़ी जटिल समस्या है। गंगाजल इस समस्या को हल करने की क्षमता रखता है।

गंगाजल पर, वैज्ञानिक अनुसंधान कार्य जारी है और साथ ही में "नमामि गंगे योजना" भी जारी है; "गंगा मैया" (माँ गंगा) को उसकी पूर्व गरिमा पर स्थापित करने के लिए।

भूमि पूजन

भूमि बहुमूल्य है। वह पृथ्वी की सबसे ऊपरी और एक पतली सतह है। भूमि को प्रकृति ने हजारों वर्षों की लगातार मेहनत से तैयार किया है। भूमि चट्टानों का ही एक बदला हुआ अंतिम रूप है। चट्टानों को धीरे-धीरे मौसमों के असर (Weathering) द्वारा इस रूप तक लाने में, सूर्य की कड़ी धूप, रात्रि की ठंड, वर्षा, हवा, पानी, वनस्पति आदि सभी की लगातार मेहनत और योगदान शामिल हैं।

चट्टानों से भूमि बनने की प्रक्रिया इस प्रकार है–

सूर्य का योगदान:

- दिन में सूर्य की तेज धूप से चट्टान की बाहरी सतह का फैलना।

- रात्रि की ठंड नें इस सतह का सिकुड़ना।

- लगातार फैलने (Expansion) और सिकुड़ने (Contraction) से चट्टान की बाहरी सतह का छोटे टुकड़ों और कणों के रूप में झड़ जाना।

हवा का योगदान

तेज हवाओं द्वारा चट्टान के इन कणों को दूर-दूर तक उड़ा ले जाना और सतह पर बिखेर देना।

वर्षा के पानी का योगदान

चट्टानों में विभिन्न प्रकार के खनिज पदार्थ (Mineral) होते हैं। इनमें से कुछ घुलनशील होते हैं। वर्षा जल से ये घुल जाते हैं। इनके घुल

जाने पर, चट्टान के टुकड़े-टुकड़े हो जाते हैं। इन टुकड़ों को वर्षा जल दूर-दूर तक बहा ले जाता है।

पेड़ों और वनस्पति का योगदान

पेड़, लताएं और अन्य वनस्पति की जड़ें, चट्टान की सकरी दरारों में घुसकर उस दरार को बढ़ा देती हैं। एक अरसे के बाद चट्टान के टुकड़े हो जाते हैं।

अन्य का योगदान

मृत पशु शरीर, पेड़ों से झड़े सूखे पत्ते और अन्य सड़ती हुई वनस्पति इत्यादि, एक अरसे के बाद माटी में तब्दील होकर, उसकी सबसे अधिक उपजाऊ सतह (Humus) तैयार करते हैं।

इस प्रकार माटी के बनने में, प्रकृति की कठोर मेहनत और हजारों वर्षों का लंबा समय लगता है किन्तु–

यह बहुमूल्य निधि "माटी", हमारी नासमझी से बहुत कम समय में नष्ट हो सकती है। भूमि ही समस्त प्राणियों का पोषण करती है। भूमि में ही बीज धारण करने की, और उससे अन्न उत्पादन करने की क्षमता है। इस अटल सत्य को, आज विज्ञान के शिखर पर पहुँचा हुआ, पाश्चात्य जगत भी नहीं नकार सकता। फिर भारत का हृदय तो गाँवों में ही बसता है। हमारे पूर्वजों ने आभारयुक्त हृदय से धरती को "माँ" का सम्मान दिया और पूजनीय माना। उस पर हल चलाने के पहले या उस पर भवन निर्माण के पूर्व 'भूमि पूजन' द्वारा, उसके प्रति आभार व्यक्त किया, तो क्या गलत किया?

आइए, अब इस पर विचार करें कि सबकी पोषक इस अनमोल भूमि को किसने प्रदूषित किया? 'भूमि पूजन' वालों ने या फिर 'औद्योगीकरण' व शहरीकरण (Industrialisation and Urbanisation) को ही विकास मानने वाली एवं इसी पर आधारित आधुनिक जीवन

शैली ने? हम एक नजर भूमि प्रदूषण के कारणों पर डालें तो बात स्पष्ट हो जाएगी। इनमें से प्रमुख हैं–

- विशाल औद्योगिक संस्थानों, कल-कारखानों, घनी आबादी वाले, बड़े-बड़े शहरों से उत्पन्न विशाल कूड़ा-कचरा; जिसे शहर की बाहरी जमीन नें जमा कर दिया जाता है।

- पुराने इलेक्ट्रॉनिक उपकरण, जैसे–मोबाइल फोन, कम्प्यूटर आदि का दिन-प्रतिदिन बढ़ता हुआ (इलेक्ट्रॉनिक) कचरा।

- आधुनिक न्यूक्लियर पावर के संस्थानों से निकले हुए प्रदूषित जल का रिसाव।

- वायु प्रदूषण और उससे प्रभावित होकर "एसिड रेन"।

- रासायनिक खाद (Chemical fertilisers)।

- कीड़े मारने की रासायनिक दवाओं का छिड़काव।

ये सब भूमि में रिसकर उसकी उपजाऊ शक्ति को नष्ट करते हैं, बल्कि उसमें पोषित व उसमें पल रहे असंख्य सहायक बैक्टीरिया, माइक्रोऑर्गैनिजम्स (Microorganisms), केंचुए (Earthworms) आदि को नष्ट कर भूमि की उर्वरता (Fertility) को हानि पहुँचा रहे हैं। भूमि को बंजर बना रहे हैं।

आधुनिक समय का एक अन्य प्रदूषक तत्त्व है प्लास्टिक। आज प्लास्टिक के माइक्रो कण, हमारे पेयजल स्रोतों को, माटी को प्रदूषित कर रहे हैं और उसमें उपजे हुए अन्न के जरिए हमारे शरीर में प्रवेश कर अनेक स्वास्थ्य समस्याएँ उत्पन्न कर रहे हैं। हमारे रक्त में, हमारे फेफड़ों में, इनकी मौजूदगी स्पष्ट रूप से देखी गई हैं। इनके परिणाम घातक होंगे।

याद रखें: माटी स्वस्थ है तो हम स्वस्थ हैं।

हमारा शरीर पंच तत्वों से बना है– माटी (Earth), हवा (Air), पानी (Water), अग्नि (Fire) एवं आकाश (Space)।

हम माटी से अभिन्न रूप से जुड़े हुए हैं।

विज्ञान व सत्य की कसौटी पर परखें कि भूमि को पूजने योग्य आदर व महत्व देना एक शाश्वत आस्था है अथवा अंधविश्वास!

"भूमि इतनी बहुमूल्य है कि पूजने योग्य है।" भारत की इस भावना के साक्षात प्रतीक एवं आधुनिक विज्ञान के भी धनी, परमज्ञानी महर्षि साधगुरु, विश्व भ्रमण पर निकल पड़े हैं, माटी का मूल्य समझाने और उसके संरक्षण की आवश्यकता पर बल देने।

उनके संदेश और विश्व की प्रतिक्रिया साथ में दिए गए पृष्ठ पर संलग्न है।

SUNDAY TIMES OF INDIA, NEW DELHI / GURGAON
MAY 22, 2022

India, 195 Nations join hand to fight Drought

GLOBAL CALL TO RESTORE LAND AND SAVE SOIL

INDIA
Goal:
Restore 26 million hectares (Mha) of degraded land by 2030

Land Outlook

India's total geographical area

328.7 Mha

96.4 Mha

Land under degradation
(It's 29.3% of India's total geographical area)

GLOBAL
Goal: **Restore 1 billion hectares** of degraded land by 2030

Land Outlook

➤ Up to 40% of the planet's land is degraded

➤ 50% of humanity affected by land degradation

➤ Degradation threatens roughly half of global GDP ($44 trillion)

➤ Additional degradation of an area almost the size of South America will happen if business as usual continued through 2050

➤ Nations' current pledge to restore 1 billion degraded hectares by 2030 requires $1.6 trillion this decade

➤ Over 40% of global land area occupied by agriculture

➤ 52% of total agricultural land is degraded

➤ Agriculture is responsible for 80% of global deforestation

➤ Over 70% tropical forest cleared for agriculture between 2013 and 2019 in violation of national laws or regulations

➤ An additional 69 gigatonnes of carbon (17% of current annual GHG emissions) is emitted from 2015 to 2050 due to land use change and soil degradation

India, 195 Nation Join Hand To Fight Drought

Global Call To Restore Land And Save Soil Global

Goal: Restore 1 billion hectares of degraded land by 2030

- Up to 40% of the planet's land is degraded

- 50% of humanity affected by land degradation

- Degradation threatens roughly half of global GDP ($44 trillion)

- Additional degradation of an area almost the size of South America will happen if business as usual continued through 2050

- Nation's current pledge to restore 1 billion degraded hectares by 2030 requires $1.6 trillion this decade

- Over 40% of global land area occupied by agriculture

- 52% of total agricultural land is degraded

- Agriculture is responsible for 80% of global deforestation

- Over 70% tropical forest cleared for agriculture between 2013 and 2019 in violation of national laws or regulations

- An additional 69 gigatonnes of carbon (17% of current annual GHG emissions) is emitted from 2015 to 2050 due to land use change and soil degradation

Without
enough
organic
content,
SOIL DIES

27,000
SPECIES
going extinct
per year

1 acre of soil lost
on the planet every
second. –UN

What this means:
40% less food by 2045

Famine, forced
migrations and civil
wars across the world

Only 60 years of soil
left unless we act
now. –UN FAO

हर घर आंगन में तुलसी

हमारे आदि-पूर्वज एवं ऋषि-मुनि न केवल ज्ञानी थे बल्कि वे बड़े कुशल शिक्षक भी थे। उन्होंने शिक्षा को जीवन की रीति-नीति, खान-पान के तौर-तरीकों में इस तरह शामिल किया कि वह पीढ़ी दर पीढ़ी चलती रही, कायम रही।

अंग्रेजों के सौ वर्षों के शासन-काल में, ग्रामीण अंचल का भारत जहाँ उसके 80% लोग रहते थे, निरक्षर रह गया। विद्या की, साक्षरता की, संस्कृत भाषा की (जिसमें सारे ग्रंथ लिखे गए थे) वह रोशनी चली गई, निरक्षरता के अंधकार में डूब गई। बस जो शेष बच गया, वह था उनका अटल विश्वास उनके पूर्वजों द्वारा बताई गई रीति-नीति पर! इसे कोई छीन न पाया क्योंकि यह ज्ञान किताबों में नहीं, उनके हृदय में लिखा गया था। उसमें से एक था– "हर घर आंगन में तुलसी की स्थापना"!

हर गृहणी स्नान के बाद, तुलसी पर एक लोटा जल चढ़ाती और साँझ होने पर तुलसी चौरां पर दीया जलाती थी। दीए की टिमटिमाती रोशनी की तरह उस निर्धन के घर में जब भी कोई बच्चा या बड़ा बीमार होता तो वह तुलसी के पत्तों का काढ़ा पिलाकर उन्हें रोगमुक्त कराती थी। आइए, अब हम गौर करें कि यह आस्था सही थी या गलत; एक सही विश्वास था या अंधविश्वास?

आधुनिक समय में "तुलसी" को वैज्ञानिक कसौटी पर उतारा गया है और उसमें ये गुण पाए गए हैं–

- तुलसी शरीर की रोग प्रतिरोधक शक्ति (Immunity) को बढ़ाती है। इसमें विटामिन सी और जिन्क शामिल हैं। वे काफी अधिक मात्रा में मौजूद है। यह 'बैक्टीरिया', 'फंगस' तथा 'वायरस' तीनों पर प्रभावी है।

- बुखार और दर्द को कम करती है (Antipyretic)।

- सर्दी-जुकाम और श्वास-तंत्र से जुड़ी अन्य बीमारियों पर असर करती है। (Reduces cold-cough and other respiratory diseases.)

- ब्लड प्रेशर को कम करती है।

- इसमें कैंसर विरोधक गुण हैं। (Anti-Cancer Property)

- हृदय रोगों पर प्रभावी है। (Good for Heart's health)

- डायबिटीज के मरीज की सहायक है। यह ब्लड शुगर को कम करती है।

- गुर्दे में पथरी बनने से रोकती है। (Useful in prevention of kidney stone by lowering uric-acid levels)

- पेट की गड़बड़ी, जैसे–अन्न पाचन न होना, भूख न लगना आदि में कारगर है। (Useful in gastrointestinal disorders)

- बालों व त्वचा के लिए लाभप्रद है। (Good for hair and skin)

- **कीटनाशक:**

  वैज्ञानिक परीक्षण व प्रयोगों के बाद ये गुण प्रमाणित हुए हैं। इन सब प्रकार की जरूरत के मुताबिक, मार्केट में तुलसी, गोली व पाउडर के रूप में उपलब्ध है।

घर में इसके सेवन का सुलभ तरीका है–तुलसी के पत्तों को उबालकर तैयार किया गया काढ़ा अथवा चाय।

वट-पूजा

एक प्रथा, जिसमें महिलाएँ वृक्ष के पास जाकर उसकी परिक्रमा करते हुए, उसके तने पर धागे लपेटती हैं और जल चढ़ाती हैं। हम इसे एक प्रकार से वृक्ष पूजा कह सकते हैं। आइए, इस पर विचार करें।

हमारे आदि-पूर्वज आर्य, प्रकृति के सौंदर्य से अत्यंत प्रभावित थे। वे उसके विभिन्न रूपों को निहारते थे और अपने काव्यों में, लेखों में उनका सुन्दर वर्णन करते थे। उनके द्वारा बनाई गई जीवन शैली ऐसी थी जिसने सदैव प्रकृति का संरक्षण किया। उन्होंने उन परम्पराओं की नींव डाली जो प्रकृति के साथ सौहार्द बनाकर रहने के महत्व पर बल देती है।

प्रकृति के प्रति यह आदर हमारे त्योहारों में, हमारी प्राचीन कृतियों में स्पष्ट झलकता है। इसका एक उदाहरण उत्तराखंड में मनाया जाने वाला "हरेला पर्व" है। यह पर्व "हरियाली एवं पर्यावरण" को समर्पित है। हमारे द्वारा हमारी भावी पीढ़ी को हरी-भरी धरती मिले, इस संकल्प-परम्परा का प्रतीक है।

इसका और एक उदाहरण यह भी है कि उनके द्वारा बताई गई नीति के अनुसार इन वृक्षों को काटना वर्जित है—

1. पीपल: बोधि वृक्ष

2. बेल: औषधियुक्त वृक्ष Medicinal Plant

3. अशोक: शोक संरक्षक A Guard Against Grief

4. नारियल: An auspicious ceremonial fruit. पूजा एवं शुभ-मंगल कार्यों में उपयोगी

5. आम: Icon of love and fertility संतान उत्पत्ति की क्षमता का प्रतीक

6. केला: The multi resourceful tree अनेक रूप व हर प्रकार से उपयोगी

7. नीम: Medicinal plant औषधि के रूप में उपयोगी

8. चंदन: Sacred incense पवित्र धूप

इस प्राचीन परम्परा की नींव लोगों के मन में गहराई तक गई, इसका एक उदाहरण, माता अमृतामई के ये वर्णन प्रकट करते हैं–"मेरे बचपन में जब भी कोई पेड़ को काटता था, तो उसे काटने के पहले, उससे हाथ जोड़कर, यह क्षमा मांगता था कि "मुझे मजबूरी में (क्योंकि) मेरे पास और कोई विकल्प नहीं है) आपको काटना पड़ रहा है, मुझे क्षमा करना।" मॉडर्निटी के चश्मे से देखा जाए तो पेड़ के प्रति यह विनम्रता, यह आदर हास्यास्पद लगेगा किन्तु शाश्वत सत्य जो विज्ञान के द्वारा सामने लाया गया है वह यह है कि पेड़ हमारे सगे-संबंधी हैं, करीबी रिश्तेदार हैं एक ही कुल के हैं। वह इस प्रकार की सृष्टि में हर प्रजाति एक ही विशेष डी.एन.ए. में थोड़ा-थोड़ा परिवर्तन लाकर तैयार की गई है। अत: पेड़ों का और हमारा मूल डी.एन.ए. एक ही है।

जिसमें परिवर्तन लाकर मनुष्य जाति की रचना की गई है। पेड़ों से हमारा एक और रिश्ता है और वह है 'साँसों का'। पेड़ों में जीवन है, वे भी साँस लेते हैं। जब वे बाहर साँस छोड़ते हैं, तो वे 'ऑक्सीजन' छोड़ते हैं जो कि हमारे लिए प्राणवायु है। उसके बिना हमारा जीना

असंभव है। जब हम साँस बाहर छोड़ते हैं, तो कार्बन-डाइ-ऑक्साइड निकलती है। इसे पेड़ अपनी साँस में भीतर लेते हैं और सूर्य से ऊर्जा लेकर अपना भोजन तैयार करते हैं। इस भोजन का बहुत कम भाग स्वयं के लिए उपयोग में लेते हैं; अधिक भाग तो हमारे उपयोग में आता है।

संपूर्ण सृष्टि में, केवल पेड़ ही अपना भोजन स्वयं तैयार कर सकने की क्षमता रखते हैं। भोजन के मामले में वे पूर्ण रूप से आत्मनिर्भर हैं बल्कि उनके द्वारा तैयार किया गया भोजन अन्य प्रजातियों और मनुष्य के काम आता है। इस प्रकार हम उनके ऋणी भी हैं।

हम पेड़ों से अपने रिश्ते को कब और कैसे भूल गए? प्रकृति का ही एक अभिन्न अंग होते हुए, मनुष्य कब और कैसे प्रकृति से दूर हो गया?

इसकी शुरुआत पश्चिमी जगत से हुई, जब मशीनीकरण आरंभ हुआ, जिसका शिलान्यास हुआ सन् 1769 में रिचार्ड आर्कराइट द्वारा "स्पिनिंग व्हील" (Spinning Wheel) का आविष्कार किया गया। 1784 में जेम्स वाट द्वारा "भाप" से चलने वाले 'स्टीम इंजन' को पेटेन्ट किया गया। पश्चिम के औद्योगीकरण की रफ्तार तेज थी, उसके साथ धन और ऐश्वर्य जुड़ा था, शक्ति (Power) जुड़ी थी। इन सबने मानव का प्रकृति से रिश्ता बदल दिया। मनुष्य स्वयं को प्रकृति का मालिक समझने लगा। प्रकृति के उन तमाम, बहुमूल्य संसाधनों का मालिक और हकदार; जैसे-पेट्रोल, कोयला, वनों की लकड़ी आदि, जिन्हें प्रकृति ने सैकड़ों वर्षों की मेहनत से तैयार किया था।

पेड़ हमें केवल जीवनदायिनी ऑक्सीजन ही नहीं देते बल्कि वायुमंडल से कार्बन-डाइ-ऑक्साइड, स्वयं के भीतर लेकर, उसका प्रदूषण कम करते हैं। इस प्रकार वे वायुमंडल की शुद्धता व संतुलन बनाए रखते हैं।

वे छाया देकर, भूमि की शीतलता और नमी बनाए रखते हैं वरना सूर्य की तेज धूप उस पर पड़ने से वह सूखकर बंजर हो जाती। वन अनेक पशु-पक्षियों और मनुष्य सभी को निवास स्थान देते हैं। वनों में ऐसी अनेक उपयोगी वस्तुएँ प्राप्त होती हैं, जैसे–औषधियाँ, गोंद, रबर, फल आदि। वन वर्षा के बादलों को आकर्षित करते हैं जिससे वर्षा होती है।

हमने कभी वृक्ष को, केवल एक जड़, निर्जीव, मात्र सुविधा-साधन नहीं माना। ये भावनाएँ कितनी गहरी हैं; इसका जीवंत उदाहरण "चिपको आन्दोलन" द्वारा; जंगलों में रहने वाले वनवासियों ने प्रस्तुत किया।

भारत के आदिवासियों ने "चिपको आन्दोलन" द्वारा वृक्षों के "अति महत्त्वपूर्ण" होने का जो संदेश दिया था "वह घटना 1975 की थी"। आज 2021 व 2022 में COP में अनेकों बहस और विवादों के बाद पेड़ों व वनों की 'कार्बन ग्रीनहाउस गैस' सोख लेने की बहुमूल्य क्षमता समझ में आने पर उन देशों को वन संरक्षण हेतु प्रोत्साहन राशि तथा उनकी वन-संपत्ति का सेटेलाइट द्वारा निरीक्षण एवं अनुमान लगाकर उनकी कार्बन कम करने की क्षमता के लिए अनुदान राशि या कीमत देने का प्रस्ताव विश्व (वर्ष 2007 में) COP में मंजूर कर लिया गया है। कई प्राइवेट औद्योगिक कम्पनियाँ तो कार्बन भार कम करने के यूनिट के अनुपात में, उनका मूल्य चुकाकर खरीद रही हैं ताकि वे उनके कारखानों द्वारा निकले कार्बन-डाइ-ऑक्साइड के भार को कम दर्शा सकें।

आज (2023) में विज्ञान द्वारा यह साबित कर दिया गया है कि– धनवान देश वे हैं, जिनके पास "वन संपत्ति" अधिक है।

TREASURE THESE TREES: Tropical rainforests sequester harmful carbon dioxide

हल्दी की रस्म

विवाह के एक दिन पूर्व, भावी वर-वधू को हल्दी लगाने की प्रथा है। हालाँकि अब यह महज एक रस्म बनकर रह गई है, जिसमें सभी रिश्तेदार, बंधु-बान्धव जरा-सी हल्दी माथा, हाथ, घुटने व पैर छूकर लगा देते हैं।

पढ़े-लिखे लोग हल्दी लगाने की रस्म को अनावश्यक मानने लगे हैं किन्तु ग्रामीण समाज में, इसका विधिवत पालन होता है। स्नान के पहले वर-वधू के संपूर्ण शरीर में हल्दी लगाकर उसके उपरांत स्नान किया जाता है।

हमारे पूर्वजों ने, हल्दी लगाने की प्रथा की शुरुआत; हल्दी के अनेक गुणों को परखने के बाद की थी। आइए, हम भी इसे वैज्ञानिक स्तर पर किए गए परीक्षण द्वारा जानें। वैज्ञानिक परीक्षण द्वारा यह पाया गया कि—

हल्दी में 'क्यूरिक्यूमिन' नामक एक तत्त्व है जो हल्दी को एक औषधि बनाता है।

यह तत्त्व अनेक प्रभाव रखता है जिनमें से प्रमुख ये हैं–

- शरीर की रोग-प्रतिरोधक शक्ति को बढ़ाता है। 'कोरोना पैन्डेमिक' के दिनों में, पूरे विश्व में इसे इम्युनिटी ड्रिंक (Immunity Drink) के रूप में अपनाया गया।

- शरीर में जहाँ भी इन्फेक्शन हो यह उसे रोकती है।

- शरीर में लंबे अरसे तक किसी भी इन्फेक्शन के बने रहने पर कोई बड़ा रोग पैदा हो सकता है, जैसे–कैंसर, हृदय रोग आदि।

- बुजुर्गों में होने वाली दिमागी कमजोरी, जैसे–याददाश्त की कमजोरी आदि को रोकता है और उनकी मानसिक शक्ति को मजबूत बनाता है।

- उदासीनता (Depression) आने को रोकता है।

- यह जोड़ों का दर्द कम करता है।

हल्दी के इन तमाम गुणों के कारण ही हमारे पूर्वजों ने इसे हमारे प्रतिदिन के भोजन में शामिल किया। हमारे घरों में बगैर हल्दी के दाल या सब्जी आदि कभी नहीं बनते।

हल्दी के रूप में, निर्धन माँ को भी एक एन्टीसेप्टिक उपलब्ध करा दिया गया है। बच्चे को चोट लगने पर हल्दी का गरम लेप लगा दिया जाता है।

शरीर की रोग प्रतिरोधक शक्ति को मजबूत रखने एवं दिमाग की ताजगी व याददाश्त की मजबूती की खातिर, रात्रि को सोने से पहले, गरम हल्दी वाला दूध पीने को महत्व दिया गया है।

इसी शृंखला में 'हल्दी की रस्म' भी शामिल है, जिसे आप वैज्ञानिक भाषा में कह सकते हैं, "विवाह के पूर्व शरीर पर एक एन्टीसेप्टिक का लेप लगाकर उसे पूर्ण रूप से कीटाणुरहित करना, शुद्ध करना चाहते हैं। ताजगी और सुन्दरता देना चाहते हैं।

दातून (Tooth Brush)

उन्नीसवीं सदी तक 80% भारत ग्रामीण अंचल में ही बसता था, शहर भी छोटे होते थे। इन सब जगहों में नीम के पेड़ बहुतायत से पाए जाते थे। लोग नीम की छोटी डंडी को टूथ ब्रश की तरह इस्तेमाल करते थे। पहले डंडी के एक छोर को चबा-चबा कर, उसे ब्रशनुमा बनाया जाता था, फिर उससे दाँत माँजे जाते थे। चबा-चबा कर ब्रश बनाने की क्रिया, दाँतों और मसूड़ों को मजबूत बनाती थी और नीम का रस मसूड़ों को रोग-रहित रखता था।

आइए, हम विज्ञान की कसौटी पर परखे गए; नीम के अन्य गुणों को जानें।

- नीम, मसूड़ों में होने वाले इन्फेक्शन, सूजन, मवाद आदि (Gingivitis) को रोकता है। स्वस्थ मसूड़ों के कारण, दाँतों की पकड़ भी मजबूत बनी रहती है।

- नीम की डंडी को चबाकर ब्रश बनाने की क्रिया से जो रस निकलता है, वह दाँतों के चारों ओर होने वाले बैक्टीरिया के जमाव को रोकता है और इस प्रकार उन्हें दाँतों में छेद (Cavity) बनाने से रोकता है।

- नीम का तेल, सिर की त्वचा को रुखेपन और 'डैंड्रफ' (Dandruff) से बचाता है।

- नीम में पाया जाने वाला एक पदार्थ (निम्बिडीन) प्रभावशाली एन्टीसेप्टिक असर रखता है। इससे त्वचा पर होने वाले इन्फ्लेमेशन और मुँहासे मिट जाते हैं।

- नीम का प्रयोग, पेट में ग्रैस्ट्रिक एसिड से होने वाले गैस्ट्रिक अल्सर (Gastric ulcer) से बचाता है।

- नीम शरीर की रोग प्रतिरोधक शक्ति को बढ़ाकर व अपने अन्य गुणों के करण कैंसर आदि से बचाव में सहायक होता है।

- "नीम माउथवाश" उतना ही प्रभावशाली है जितना केमिकल "क्लोरहेक्सीडिन" है बल्कि यह सस्ता भी है। गरीब परिवार भी इसे खरीद सकते हैं।

- नीम का उपयोग मच्छर व अन्य घरेलू कीड़ों को दूर करने के लिए भी किया जा सकता है।

आवश्यक सावधानियाँ:

- नीम का औषधि की तरह उपयोग बच्चों व गर्भवती महिलाओं द्वारा नहीं किया जाना चाहिए।

- नीम तेल या शैम्पू को Dilute किए बिना, सीधे त्वचा पर नहीं लगाना चाहिए।

- 'नीम औषधि' का उपयोग उन्हें भी नहीं करना चाहिए जिनका डायबिटीज का इलाज चल रहा हो।

नीम के इन तमाम गुणों को जान लेने के बाद हम पुनः "नीम की दातून" की चर्चा पर लौटते हैं। आधुनिक (विशेषकर पश्चिमी देशों की) सोच के मुताबिक नीम की दातून को "पिछड़ा हुआ", "देहाती" तौर-तरीका करार कर दिया गया और प्लास्टिक के टूथ ब्रशों ने उनकी जगह ले ली।

वर्तमान समय में विश्व 'पर्यावरण प्रदूषण' की समस्या से जूझ रहा है तब एक और नई समस्या तैयार हो गई है 'प्लास्टिक' के उपयोग से। आज प्रति वर्ष, अनेक बिलियन (लगभग 100 करोड़) प्लास्टिक

टूथ ब्रश समुद्र तल में जमा हो रहे हैं। ये सागर को प्रदूषित कर रहे हैं और समुद्री जीवों के लिए काल बन गए हैं।

हमें अपनी आधुनिक जीवन शैली पर गंभीरतापूर्वक विचार करना होगा। हम पहले चर्चा कर चुके हैं कि माटी से जन्मी कोई भी वनस्पति या अन्य वस्तु आसानी से माटी में समा जाती है, उसमें घुल-मिल जाती है। नीम की दातून ऐसी ही प्रकृति से उपजी और प्रकृति में ही समा जाने वाली वस्तु है। यह Eco friendly है और Biodegradable भी।

हम अपनी जीवन शैली में छोटे-छोटे परिवर्तन लाकर भी पर्यावरण पर आए हुए महान विनाशकारी संकट को कम करने में सहायक बन सकते हैं। यह किसी अन्य के लिए नहीं बल्कि हमारे स्वयं के अस्तित्व के लिए आवश्यक है। मुख-शुद्धि के लिए हम टूथ पेस्ट के बदले दंत मंजन का उपयोग कर सकते हैं या नीम टूथ पेस्ट या अन्य टूथ पेस्ट को अंगुली में लगाकर उससे दाँत माँज सकते हैं अथवा यदि हमने मुख-शुद्धि के दायरे में हरित क्रांति लाने की इच्छा व्यक्त की तो समीप के ग्रामीण क्षेत्रों से ताजे नीम की दातून के बंडल भी, अन्य सब्जियों की तरह शहरों में उपलब्ध होने लगेंगे।

नई सोच, नई राह, नई दिनचर्या कायम करने में देर न करें!

शाकाहारी भोजन

अंग्रेज शासक अपने तौर तरीके को अति श्रेष्ठ मानते थे तथा वे हर चीज में भारतवासियों को निम्न श्रेणी का और हीन दिखाने का प्रयास करते थे चाहे मामला भोजन का ही क्यों न हो। 'शाकाहारी भोजन' को निचले दर्जे का भोजन माना जाता था। मांसाहारी भोजन को ही पौष्टिक व ऊँचे दर्जे का भोजन माना जाता था। यह धारणा पीढ़ी दर पीढ़ी चलती आई और आज भी शिक्षित, संपन्न, आधुनिक समाज में शाकाहारी भोजन की अपेक्षा सामिष भोजन को अधिक पौष्टिक व बेहतर माना जाता है।

वैज्ञानिक परीक्षण के आधार पर अगर हम दोनों प्रकार के भोजनों को परखें, उनके गुणों और प्रभावों को जानें, और तब अपनी राय कायम करें, तो हम सत्य के अधिक नजदीक होंगे।

अधिकांश लोगों की राय के विपरीत शाकाहारी भोजन व्यक्ति के स्वास्थ्य के लिए अनेक कारणों से अधिक फायदेमंद है। शाकाहारी भोजन जिसमें हरी साग सब्जी, हरी चटनी शामिल होते हैं, व्यक्ति को रोग प्रतिरोधक शक्ति देते हैं और फलस्वरूप अनेक रोगों से हमें बचाते हैं।

- शाकाहारी भोजन वालों में उच्च रक्तचाप, हृदय रोग तथा डायबिटीज (टाइप 2) कम पाए जाते हैं।

- शाकाहारी भोजन से प्राप्त रोग प्रतिरोधक शक्ति, शरीर में लंबे समय तक पनपने वाले इन्फेक्शन को रोकती है और इस प्रकार कैंसर के खतरे से भी बचाती है।

- शाकाहारी भोजन मेटाबॉलिक अनियमितताओं (Metabolic disorders) से भी बचाता है, जैसे– मोटापा जो स्वास्थ्य के अन्य दायरों पर असर डालता है।

- यदि हम पर्यावरण संरक्षण की दृष्टि से भी सोचें तो "शाकाहारी-भोजन" अत्यधिक तौर पर आवश्यक है। वह इसीलिए कि दिन-प्रतिदिन विश्व की मांसाहारी भोजन की बढ़ती आवश्यकता के लिए अधिक से अधिक संख्या में पशुपालन किया जा रहा है। इन पशुओं के द्वारा जो 'मीथेन गैस' पैदा होती है उसकी मात्रा बढ़ रही है और "पर्यावरण प्रदूषण" का कारण बन गई है। इस विषम परिस्थिति को रोकने के लिए शाकाहारी भोजन का अपनाया जाना अत्यंत महत्त्वपूर्ण उपाय है।

एक अन्य दृष्टिकोण से भी, यदि आप सोचें तब भी आप एक अहम नतीजे पर पहुँचेंगे। उदाहरण के तौर पर हम केवल एक ही देश 'अमेरिका' को लेते हैं। यहाँ बहुत बड़े-बड़े 'पशुपालन' के फार्म हैं, जहाँ पशुओं को बड़े स्वच्छ एवं उत्तम तरीके से, उन्हें स्वस्थ और निरोग रखा जाता है। उन्हें हृष्ट-पुष्ट एवं तगड़ा रखने के लिए अनेकों टन अनाज खर्च किया जाता है। फिर उनकी हत्या कर, उनका मांस खाया जाता है। इस अन्न से, गरीब मुल्कों की एक बड़ी जनसंख्या भोजन प्राप्त कर सकती है, अनेक कुपोषित बच्चों को स्वास्थ लाभ मिल सकता है।

एक दलील यह भी दी जाती है कि मांसाहारी भोजन से पौष्टिक प्रोटीन प्राप्त होता है। अब यह सिद्ध हो चुका है कि शाकाहारी भोजन में जो विभिन्न प्रकार की दालें शामिल हैं, जैसे– अरहर, मसूर, चना, मूंग, उड़द आदि तथा राजमा व छोले, इन सभी में पर्याप्त प्रोटीन पाया जाता है। यह प्रोटीन, शरीर के लिए अधिक उपयुक्त है क्योंकि मांस से जो प्रोटीन प्राप्त होता है वह 'वसा' कोलेस्ट्रॉल युक्त होता है। यह

रक्त नलिकाओं में जमा होकर, ब्लड प्रेशर (उच्च रक्तचाप) की हाइपरटेंशन की समस्या उत्पन्न करता है, जो कि हार्ट को विपरीत रूप से प्रभावित करती है। ये हृदय रोग व हार्ट अटैक का कारण बनती है।

मांसाहारी भोजन अधिक वसा के कारण वजन को बढ़ाता है और मोटापा लाता है।

मांसाहारी भोजन के लिए जिन पशुओं का पालन किया जाता है, उन्हें निरोग रखने के लिए कई रोगनिरोधक दवाएँ दी जाती हैं, ये मांस के साथ मनुष्य के शरीर में प्रवेश करती हैं और उसकी रोग प्रतिरोधक क्षमता को कमजोर करती हैं।

इन उपरोक्त कारणों से मांसाहारी व्यक्ति की आयु कम हो जाती है।

मांसाहारी भोजन के कारण अन्य प्राणियों पर पड़ने वाले प्रभाव

मांसाहारी भोजन न केवल हमारे व्यक्तिगत स्वास्थ्य को हानि पहुँचाता है, बल्कि इसके कारण असंख्य अन्य प्राणियों का जीवन बड़ी दर्दनाक क्रूरता के साथ नष्ट होता है। निम्नलिखित वास्तविकताओं पर गौर करें–

यूरोप, इटली, टोकियो के प्रसिद्ध रेस्टराँ में "शार्क फिन सूप" (Shark-fin soup) अर्थात् शार्क मछली के तैरने वाले अंगों का 'सूप' या शोरबा, अति विशेष स्वादिष्ट माना जाता है और बड़े महंगे दामों पर लोग इसका सेवन करते हैं (एक कटोरा सूप के 100 डॉलर दाम होते हैं) किन्तु इसके पीछे शार्क मछलियों की बड़ी क्रूर व दुःखदायी तरीके से होने वाली मृत्यु छुपी है। वह इस प्रकार की समुद्र में मछली व्यापार में लगे हुए बड़े-बड़े जहाज या ट्रोलर उन ठिकानों पर जाकर जाल डालते हैं, जहाँ शार्क मछलियाँ अधिक पाई जाती हैं। जहाज पर

लाकर, शार्क के तैरने वाले अंग यानी 'फिन्स' काट लिए जाते हैं और फिर उन्हें वापस समुद्र में फेंक दिया जाता है, जहाँ अब तैरने में असमर्थ, इन शार्कों की बड़े ही कष्टप्रद तरीके से मृत्यु हो जाती है। इस प्रकार प्रतिवर्ष अपने मांसाहारी भोजन के लिए उन देशों के लोग अनेक निर्दोष, मासूम शार्कों को बड़े ही कष्टप्रद तरीके से मौत के मुँह में धकेल देते हैं।

'World Wild Life Fund' द्वारा 1994 की रिपोर्ट में सूचित ये आँकड़े 30 साल पुराने हैं। प्रतिवर्ष 50 से 60 मिलियन शार्क मछली की इस प्रकार मृत्यु होती है।

अमेरिका के एक प्रतिष्ठित अखबार 'द गार्डियन' में 1 मार्च, 2023 को छपी एक खबर के अनुसार प्रत्येक साल 100 मिलियन शार्क मारे जाते हैं।

कॉड मछली (COD Fish), जिससे COD Liver Oil बनता है, उसके जीवन का अंत भी कम विनाशकारी नहीं है। अमेरिका के उत्तर पूर्वी समुद्र में ये मछलियाँ पंद्रहवीं सदी में इतनी अधिक हुआ करती थीं कि नाविक हाथ से टोकनी नीची कर, उसे भरकर मछली पकड़ लेते थे। किन्तु सन् 1990 आते-आते इनकी संख्या घटकर 1.6 मिलियन टन हो गई थी और 1990 तक वह गिरकर 22,000 हो गई। इस रफ्तार से 'कॉड मछली', पश्चिमी अटलांटिक सागर से सदा के लिए विदा हो चुकी होगी।

किसी समय अटलांटिक सागर में हैलीबुट (Halibut) मछली बहुतायत से पाई जाती थी, इतनी कि इंग्लैंड के मछुआरे, समुद्री किनारों से, अपनी नाव में, एक दिन में 20,000 पाउंड तक यह मछली ले आते थे। किन्तु अब यह इंग्लैंड और अमेरिका के तटों से लुप्त हो चुकी है।

अन्य सामान्य मछलियों के (शार्क मछली की ही तरह) जीवन के निष्ठुर व दु:खदायी अंत के कई उदाहरण हैं। मछलियों के व्यापार में लगे ट्रालर, अपना जाल डालते हैं और बड़ी मात्रा में मछलियाँ पकड़ी जाती हैं। इनमें से वे मछलियाँ चुन ली जाती हैं जो स्वाद के मुताबिक अधिक पसंद की जाती हैं और ऊँची कीमत पर बिकती हैं, शेष मछलियों को डेक पर ही तड़प-तड़प कर मरने के लिए छोड़ दिया जाता है और डेक की साफ-सफाई के समय समुद्र में फेंक दिया जाता है।

प्रतिवर्ष 22 मिलियन टन मृत मछलियाँ समुद्र में वापस फेंकी जाती हैं।

प्रकृति की व्यवस्था में, हर प्राणी का हर जीवन का एक विशेष महत्व है, विशेष प्रयोजन है। प्रकृति उसकी बनाई व्यवस्था में की जा रही यह विनाशकारी दखलंदाजी, कतई बर्दाश्त नहीं करेगी।

पश्चिमी देशों में जो गंभीर, विचारवान व्यक्ति हैं, वे मांसाहारी भोजन त्यागकर शाकाहारी भोजन अपना रहे हैं। वे इस परिवर्तन के तीन कारण बताते हैं—

1. प्रथम व्यक्तिगत स्वास्थ्य संरक्षण।

2. पशुओं व समुद्री प्राणियों के जीने के अधिकारों को मान्यता देना।

3. पर्यावरण संरक्षण हेतु कार्बन की मात्रा कम करने के लिए।

उपरोक्त उद्देश्यों की पूर्ति करने के लिए किए जा रहे अनुकरणीय व प्रशंसनीय प्रयास

इंग्लैंड: ब्रिटिश सरकार ने आँकड़े प्रस्तुत किए हैं कि उनके एक नागरिक द्वारा, एक वर्ष का "कार्बन अनुदान" दस टन से अधिक है। उनका

लक्ष्य है, इसे 2035 तक 75% कम करना और UK "Intergovernmental Panel on Climate Change" ने यह राय दी है कि इस लक्ष्य को पूरा करने का सर्वाधिक प्रभावशाली उपाय "शाकाहारी भोजन" है।

इन उद्देश्यों को पूरा करने के प्रयासों में से एक इंग्लैंड की 'Viva' नामक इंटरनेशनल संस्था द्वारा किया गया अनुकरणीय प्रयास है कि एक रेस्टराँ ने अपने मेन्यू कार्ड (Menu Card) में प्रत्येक भोजन के सामने यह जानकारी दी हुई है कि उसका "कार्बन प्रभाव" कितना है। उदाहरण के तौर पर

- एक मीट बर्गर का कार्बन प्रभाव – 675 ग्राम
- एक शाकाहारी बर्गर या एक प्लेट पकौड़े हरी चटनी के साथ – 16 ग्राम

यह मेन्यू कार्ड, वहाँ आने वाले हर ग्राहक को यह तय करने में मदद करता है और प्रेरित करता है कि उनके द्वारा 'कार्बन' की मात्रा कितनी कम की जा सकती है।

शाकाहारी भोजन की लोकप्रियता बढ़ाने के अन्य देशों में किए जा रहे प्रयासों के अध्ययन यह स्पष्ट संकेत दे रहे हैं कि विश्व का शाकाहारी भोज्य पदार्थों का बाजार वर्ष 2026 तक 31 मिलियन डॉलर से आगे निकल जाएगा।

वर्ष 2021 में की गई एक रिसर्च यह दर्शाती है कि अमेरिका में प्रति पाँच व्यक्तियों में से एक शाकाहारी भोजन अपनाने के पक्ष में है। इन सबके शाकाहारी भोजन के अपनाए जाने के पक्ष में दिए गए कारणों में स्वास्थय संरक्षण, जानवरों के जीने के अधिकार की मान्यता, उनकी हत्या का भागीदार बनने का अपराध बोध आदि शामिल हैं।

मानव जाति व समस्त प्राणियों के जीवन के संरक्षण के लिए, इस अमूल्य और अद्वितीय गृह "पृथ्वी" के लिए शाकाहारी भोजन अपनाना अनिवार्य है।

जर्मनी: उपरोक्त इन तीन कारणों से 9% लोग शाकाहारी भोजन अपनाने के लिए प्रेरित हुए हैं।

इटली: 10% ने शाकाहारी भोजन अपनाया है।

ताइवान: 12% ताइवान में जो एक क्रांतिकारी धारा चलाई गई है, वह यह है कि "हर सप्ताह में एक दिन, शाकाहारी भोजन जरूर किया जाए। वहाँ करीब 6,000 रेस्तराँ हैं, शाकाहारी भोजन के लिए।"

इजराइल: 12% यहाँ शाकाहारी भोजन की प्रेरणा 'जुदाइज़्म' धर्म से प्राप्त हुई है, जिसमें पशु हत्या करना व उसका मांस खाना वर्जित है।

ऑस्ट्रेलिया: 6% यह दिनोंदिन बढ़ रहा है।

भारत: भारत का शाकाहारी भोजन का प्रतिशत विश्व में सर्वाधिक है। यह छठी शताब्दी में जैन धर्म तथा बाद में बौद्ध धर्म से प्रभावित होकर हुआ।

आज विश्व की सबसे खतरनाक समस्या 'ग्लोबल वार्मिंग' का सबसे महत्त्वपूर्ण हल नवम्बर, 2021 की विश्व कॉन्फ्रेंस में सुझाया गया। यह तय किया गया कि मीथेन गैस के रिसाव को रोका जाए जो कि पशुओं से होता है। अत: विश्व के और अधिक देशों को "शाकाहारी भोजन" अपनाना होगा।

डॉ. रैनडॉल स्टानफोर्ड, जो स्टैनफोर्ड यूनिवर्सिटी में मेडिसिन के प्रोफेसर हैं, उन्होंने अपने अनुसंधान कार्य– Prevention of chronic

Diseases "असाध्य रोगों की रोकथाम" में यह पाया कि "शाकाहारी भोजन क्रॉनिक बीमारियों (Chronic diseases) को रोकता है, उनसे बचाता है। उदाहरण–हृदय रोग, डायबिटीज एवं कैंसर आदि। आज के समय में ये बीमारियाँ विश्वव्यापी हैं।

स्वास्थ्य के लिए फायदेमंद होने के लिए, वनस्पति का होना आवश्यक है, किन्तु शाकाहारी भोजन का यह मतलब नहीं कि चावल, पॉलिश्ड सफेद राइस हो या वह भात जिसमें से मांड़ पसाकर निकाल दिया गया हो। आलू तथा मैदे की ब्रेड अथवा वह आटा, जिसमें से चापर, छानकर हटा दिया गया हो। भोजन में हरी साग सब्जी, भाजी, ककड़ी, मूली, टमाटर आदि का सलाद, हरी धनिया की चटनी आदि का अनिवार्य रूप से, विशेष ध्यान देते हुए, शामिल होना आवश्यक है।

एक गंभीर चिंता का विषय है पेयजल की समस्या। पृथ्वी में पेयजल के स्रोत सीमित हैं। ऐसी परिस्थिति में, मांसाहारी भोजन की उपलब्धता बनाए रखने के लिए, पानी की खपत, साग सब्जी उगाने की तुलना में, कई गुना अधिक होती है। यह जल के सीमित भंडार को देखते हुए सर्वथा अनुचित है। जल के बाद हम 'भूमि' की समस्या को लेते हैं। पशुपालन के बड़े-बड़े फार्म उस उपयुक्त उपजाऊ भूमि को ले लेते हैं जिसमें अन्न की पैदावार के बदले पशु के लिए चारा उगाने के उपयोग में लिया जाता है। यह पर्यावरण व स्वयं मानव के हित में होगा हरी वनस्पति को वह सीधे स्वयं के भोजन के लिए उपयोग में लें न कि पशुओं को खिलाने के लिए।

Show that the planet matters

Bharati Chaturvedi

It's the day after World Environment Day. The kind of day when one moves on after a celebration. But then, that's the test. If the planet matters, what are you going to do about it personally, after all those events are over?

For those who can afford it, I say, stop eating meat. Let me offer the famous 2014 Chatham House study. The Chatham House is an independent think-tank in London, whose report on meat and climate change made many people sit up... What they said was this: about 14.5% of the world's greenhouse gas emissions are due to livestock. And livestock provides milk and meat. Not just that, but these emissions were more than the transportation sector.

No question about it — consuming less is the only way to protect the environment. But what should one consume less of? In my opinion, turning vegetarian cuts down on many things at once — water, greenhouse gases and food.

Livestock produces 16 times more grain than meat, according to studies abroad. In India livestock also eat trash and toxic materials, apart from other kinds of unlikely food. And it requires 97% more water to produce chicken versus the same amount of potatoes, according to data from the developed world.

Whatever the difference between data from India and the North, it is unlikely to change the big picture — that meat has a big footprint. So if you are serious about doing something about the planet, give up that kebab and try some stuffed potato instead.

(The writer is director, Chintan Environmental

वसुधैव कुटुम्बकम

सृष्टि की रचना में, प्रकृति के सदियों के किए गए सजीवों के विकास में–(Evolution of Life)

समस्त मानव एक ही प्रजाति है।

प्राचीन भारत के ऋषियों के दर्शनशास्त्र के अनुसार–

एक ही ब्रह्म है जो सब में विद्यमान है, सब में वही ब्रह्म झाँकता नजर आता है।

मानव इतिहास के प्रारंभिक काल में, मानव समूह भी एकजुट होकर, पृथ्वी पर भोजन की तलाश में, एक स्थान से दूसरे स्थान जाया करता था। शिकार के उपरांत, एक साथ ही मिल-बाँटकर भोजन करता था। प्राकृतिक विषम परिस्थितियों जैसे– वर्षा, अत्यधिक ठंड आदि से बचाव के लिए गुफाओं में एक साथ ही रहा करता था।

जैसे-जैसे समय बीतता गया और मानव समूह भी बड़ा होते गया, तो समूह के कुछ लोग विश्व के विभिन्न भागों में रुकते गए; शेष आगे बढ़ते गए। जो जहाँ ठहर गए, उन्होंने अपने क्षेत्र की सीमा रेखाएँ बना लीं और वे उनके देश बन गए। धीरे-धीरे मानव ने अन्न उगाना भी सीख लिया और फलस्वरूप भोजन की तलाश में एक स्थान से दूसरे स्थान पर भटकने की जरूरत भी मिट गई। एक स्थायित्व आ गया। जो जिस जगह पर थे, उस भू-भाग से उनका नाता जुड़ गया। वह उनकी भूमि, उनका देश बन गया। उस भू-भाग की रक्षा करना उनका सर्वोच्च दायित्व बन गया।

जो मानव प्रजाति एकजुट, एक समूह होकर विश्व के विभिन्न भू-भागों में भ्रमण करती थी, वह भूमि की सीमा रेखाओं में बँटकर रह गई। "मानव-मानव एक ही प्रजाति" यह सत्य धूमिल पड़ गया। तब भी एक आवाज लगातार उठती रही, स्मरण दिलाती रही कि हम सब एक ही प्रजाति के हैं, एक कुटुम्ब की भाँति हैं "वसुधैव कुटुम्बकम" की। यह आवाज थी ऋषि-भूमि प्राचीन भारत की।

अब हम दूसरे अटल सत्य पर आते हैं और वह है–

मनुष्य और समस्त प्राणियों का केवल एक ही घर है और वह है ग्रह पृथ्वी।

यह घर "ग्रह पृथ्वी" कितनी अद्वितीय, कितनी अनमोल, कितनी सुन्दर है इस पर गंभीरता से, भावना से, श्रद्धायुक्त, आभारयुक्त हृदय से विचार करने की आवश्यकता है–

अद्वितीय: इसलिए कि समूचे ब्रह्माण्ड (Universe) में केवल पृथ्वी ही एकमात्र ग्रह है, जिस पर जीवन के आवश्यक साधन – प्राणवायु ऑक्सीजन, पेयजल और अन्न उत्पादन के लिए उपयुक्त भूमि उपलब्ध हैं।

अनमोल: इसलिए कि यही एक ग्रह है, जो सूर्य से उचित दूरी पर है, जिसके कारण इसका तापमान सम है, रहने योग्य है। यदि यह सूर्य से कुछ (5%) समीप होती तो 'मरक्यूरी' (Mercury) तथा 'वीनस' (Venus) ग्रह की तरह, प्रखर गर्मी के कारण, वीरान ग्रह होती। यदि यह सूर्य से कुछ (15%) और दूर होती, तो इतनी ठंडी और निर्जीव होती, जितना कि चन्द्रमा।

अनमोल इसलिए भी क्योंकि वर्तमान में उपलब्ध वैज्ञानिक संसाधनों द्वारा मनुष्य ने अन्य ग्रहों की जानकारी हासिल कर ली है, जैसे–मंगल ग्रह (Mars), शनि (Saturn), चन्द्रमा (Moon) आदि और यह पाया

कि अन्य किसी भी ग्रह पर रह पाना संभव नहीं है। वहाँ जीवन के उपयुक्त साधन उपलब्ध नहीं हैं।

अब इस अद्वितीय घर की सुन्दरता पर गौर करें– यह ग्रह पृथ्वी! स्वर्ग सी सुन्दर वसुन्धरा!–

- यह इतने सुन्दर रंग-बिरंगे फूलों से सजी है, जिनका अध्ययन, इतनी सदियों बाद भी मनुष्य पूरा नहीं कर पाया है।

- इतने सुन्दर रंग के पंखों से सजे, सजीले छोटे-बड़े पक्षी, तितलियाँ, पतंगे, जो उड़ते रहते हैं, गीत गाते, गुनगुनाते रहते हैं उनका अध्ययन पूरा न कर पाया।

- जानवरों की कितनी प्रजातियाँ हैं, यह ज्ञान भी अभी तक अधूरा है।

  यह तो केवल थल और आकाश की बात रही।

- अब बारी जल की, समुद्र की, दुनिया की, वहाँ के प्राणियों की। कितनी विविध प्रकार की छोटी-बड़ी मछलियाँ, विशालकाय शार्क, कछुए व अन्य की जानकारी अभी भी अधूरी है।

- पृथ्वी के गर्भ में कितनी निधियाँ हैं यह ज्ञान भी अभी अधूरा है।

अनेक युग बीत चुके हैं, इस अद्वितीय, अनमोल घर पृथ्वी का अध्ययन करते-करते। अभी और कितना जानना शेष है, हम तो यह भी नहीं जानते कि "क्या हम यह कह सकने की स्थिति में हैं कि "हमारा ज्ञान अधूरा है!" क्या हम आधी दूर तक पहुँच चुके हैं?

भारत ने भावनायुक्त हृदय से इस अद्वितीय, अनमोल घर पृथ्वी को "धरती माँ" माना और हजारों वर्षों से इसे संजोए रखा, किन्तु पश्चिमी जगत ने भावना विहीन दृष्टिकोण से इसे महज सिर्फ एक ग्रह (Planet Earth) माना।

इंग्लैंड, अमेरिका, यूरोप आदि पश्चिमी देशों ने कोयला एवं पेट्रोलजन्य ऊर्जा के उपयोग से औद्योगीकरण किया, आर्थिक सम्पन्नता एवं ऐश्वर्य हासिल किया, किन्तु पृथ्वी के वायुमंडल में अत्यधिक कार्बन-डाइ-ऑक्साइड का भार जमा कर पृथ्वी की स्वयं को सम-तापमान पर रख सकने की व्यवस्था में भारी बाधा पहुँचाई है। पृथ्वी का गर्म होना, "ग्लोबल वार्मिंग" हमारे युग की सबसे विनाशकारी समस्या बन गई है।

पृथ्वी एक है, समस्या उसके किसी भी भाग से पैदा हुई हो, प्रभावित वह सभी को करेगी।

पृथ्वी एक है इसका दूसरा प्रमाण 'कोरोना' की बीमारी ने प्रस्तुत किया जो कि पृथ्वी के पूर्वीय भाग चीन देश में पैदा हुई किन्तु उसने विश्व के सारे देशों को ग्रसित कर लिया।

युद्ध, रूस एवं यूक्रेन अथवा विश्व के किन्हीं अन्य देशों के बीच हो, पूरे विश्व की अर्थव्यवस्था, व्यापार व शांति को प्रभावित करती है।

वैज्ञानिक अनुसंधानों ने भी यह सत्य सामने लाया कि ग्रह पृथ्वी अपनी जल (समुद्री गर्म व ठंडी जल धाराएँ) थल व वायुमंडल में हवाओं का संचालन, पृथ्वी के मध्य भाग से उठती गर्म हवाएँ (equatorial hot winds) और उनका स्थान लेने उत्तर, दक्षिण ध्रुवीय क्षेत्र से प्रवाहित होती ठंडी हवाएँ (The Arctic cold winds), ये पृथ्वी पर वायु संचालन की समग्र व्यवस्था है।

इसी प्रकार पृथ्वी के विभिन्न भू-भाग हैं, जिनका एक-दूसरे से जुड़े रहना अथवा दूर हो जाना यह भू-तह बनाने वाली चट्टानों (Plate techtonics) के जुड़े रहने या हटने पर निर्भर करता है, मनुष्य द्वारा निर्मित देशों की सीमा रेखाओं पर नहीं।

इस प्रकार ग्रह पृथ्वी के निरंतर जल, थल, वायु के संतुलन पर समस्त प्राणिजगत का जीवन निर्भर करता है। मनुष्य प्रजाति उसका एक भाग है।

विश्व के कुछ दूरदर्शी विचारकों ने तथा वैज्ञानिक अनुसंधानों ने इस सत्य को अपनाते हुए कि समस्त मानव प्रजाति एक कुल के हैं, उनका घर (पृथ्वी) एक ही है, अनेक अंतर्राष्ट्रीय संस्थान स्थापित किए गए हैं, जैसे–

विश्व स्वास्थ्य संगठन (W.H.O.)

दुनिया के किसी भी देश में, जब कोई नई बीमारी होती है, तो इस संस्था के वैज्ञानिक उसके कारणों की खोज में लग जाते हैं और यदि किसी ने भी उसकी दवा, प्रतिरक्षक टीका आदि खोज लिया हो, तो यह जानकारी अन्य सभी देशों को देकर वहाँ के नागरिकों का उस बीमारी से बचाव करते हैं। ये इस वैश्विक संस्था के प्रमुख कार्य हैं। इसके अतिरिक्त इस संगठन के और भी कई कार्य हैं जैसे–

- स्वच्छ पेयजल संबंधी योजना को सुदृढ़ बनाने में सहायता देना।
- दवाओं और स्वास्थ्य सामग्री का विश्व-स्तरीय मापदंड निर्धारित करना।

यूनिसेफ (UNICEF)

- बच्चों को पूरक पोषक आहार उपलब्ध कराना और कुपोषण से बचाना।
- टीकाकरण कार्यक्रम (Immunisation programme)।
- स्वास्थ्य कार्यकर्ताओं के प्रशिक्षण में सहायता पहुँचाना।
- प्राकृतिक आपदा (Natural Calamity), जैसे–भूकम्प आदि के समय बच्चों एवं महिलाओं की सहायता करना।

- बच्चों के अधिकारों की रक्षा करना, उन्हें बाल-श्रम (Child Labour) से बचाना।

- बाल शिक्षा संबंधी किताबों को छापने के लिए आर्थिक सहायता देना।

यूनिसेफ एवं विश्व स्वास्थ्य संगठन के सम्मिलित प्रयासों से, सन् 2000 तक विश्व के 80% बच्चों को स्मालपॉक्स, डिप्थीरिया, टिटनेस, पोलियो, कुकर खाँसी (Whooping Cough) आदि घातक बीमारियों से बचा लिया गया।

यू.एन.ओ. (U.N.O.)

यू.एन.ओ. की स्थापना विश्व शांति बनाए रखने के लिए की गई। कोई भी देशों के बीच युद्ध न हो, इसके लिए इसका गठन किया गया है और समुचित अधिकार देते हुए यह तय किया गया है कि वह अपनी जिम्मेदारी भली-भाँति निभा सके।

यूनेस्को (UNESCO)

विभिन्न देशों में बच्चों एवं प्रौढ़ शिक्षा संबंधी पाठ्यपुस्तकों को तैयार कराने में, विशेषज्ञ व लेखक उपलब्ध कराने में तथा पुस्तकों को छापने के लिए धनराशि देना, शिक्षकों के लिए फेलोशिप राशि व ग्रांट उपलब्ध कराना, ये सब इस संस्था के कार्यों में शामिल है।

इसके अतिरिक्त विभिन्न देशों की संस्कृति के आदान-प्रदान में सक्रिय रूप से सहायता पहुँचाती है तथा देशों की सांस्कृतिक संपत्ति, कला, साहित्य, आर्ट, इमारतों आदि के संरक्षण में सहायता करती है।

उपरोक्त सभी अंतर्राष्ट्रीय संस्थाएँ, अपनी मासिक पत्रिकाओं (UN Chronicle, UN News, UN Environment Programme Magazine, WHO Bulletin, UNICEF Magazine) द्वारा विभिन्न देशों में चल रहे

प्रयासों एवं उपलब्धियों की जानकारी सदस्य देशों को हासिल कराते रहती हैं। इन सबके चलते लगता है विश्व एक है किन्तु अभी और भी प्रयासों की आवश्यकता है। आज भी अमेरिका और रूस के बीच शीत युद्ध जारी है, रूस और यूक्रेन का युद्ध जारी है।

हमारे युग की सबसे विकराल और विनाशकारी विपत्ति "ग्लोबल वार्मिंग" (पृथ्वी का बढ़ता तापमान) है। इस समस्या से निपटने के लिए विश्व को एकजुट होकर प्रयास करने होंगे। पश्चिमी देशों को पूर्वीय देशों की सहायता करना जरूरी है।

आज भी, अपने देश की परंपरा के अनुसार, भारत के प्रधानमंत्री माननीय श्री मोदी, G20 के मंच से विश्व को पुन: स्मरण दिला रहे हैं, 'वसुधैव कुटुम्बकम' की। उनकी यह बात न केवल एक भावनात्मक आदर्शवाद है बल्कि एक अटल वैज्ञानिक सत्य भी है और वह है उन्हीं के शब्दों में–

One Earth!
One Family!
One Future!

विश्व शांति

भारत में अहिंसा की विचारधारा प्राचीन समय से ही प्रवाहित होती रही है।

भारत में अहिंसा के प्रवर्तक श्री महावीर ने प्रथम बार अहिंसा के मूल सिद्धांत पर बल दिय था। उनके अनुसार "स्वयं हिंसा करना, दूसरों से हिंसा करवाना या अन्य किसी भी तरह से हिंसा में योग देना", इन सबकी मनाही हैं और विशेषता यह है कि–

> जैन दर्शन केवल शारीरिक अहिंसा तक ही सीमित नहीं है, बल्कि वह "बौद्धिक अहिंसा" को भी अनिवार्य मानता है।

संसार में आज जो अशांति है, रह-रह कर विश्व में जो खतरे दिखाई देने लगते हैं, उनका कारण क्या है? मुख्य कारण यह है कि एक विचारधारा के लोग, दूसरे तरीके की विचारधारा को आँख मूँदकर गलत समझते हैं। साम्यवादी देश, जिसमें सभी सेवाएँ राज्य के अधिकार में होती हैं और राज्य द्वारा सभी के प्रति समानता का व्यवहार किया जाता है, यह समझते हैं कि लोकतांत्रिक (Democratic) तरीका जिसमें देश की सरकार का निर्णयन जनता द्वारा किया जाता है, संगठन के सभी सदस्यों को प्राप्त समानता के अधिकार और स्वयं संबंधित मामलों पर मत देने का अधिकार रहता है, सर्वथा गलत है। लोग विरोधी मतों के प्रति अत्यंत असहनशील हो गए हैं।

मौजूदा रूस और यूक्रेन के बीच छिड़ा हुआ युद्ध इसका ज्वलंत उदाहरण है। एक स्वतंत्र देश यूक्रेन को अपनी विचारधारा के अनुसार निर्णय लेने का अधिकार नहीं, सिर्फ इसलिए कि वह रूस को मंजूर नहीं है। इस युद्ध ने यूक्रेन के निर्दोष नागरिकों और बच्चों का नरसंहार शुरू कर दिया। इस संदर्भ में एक अहम् बात पर गौर करें, वह यह कि विश्व में अनेकों देश हैं, किन्तु केवल भारत ने युद्ध का मार्ग त्यागकर अहिंसात्मक तरीके से बातचीत द्वारा समस्या के समाधान पर जोर दिया।

अमेरिका और रूस के बीच के शीत युद्ध (Cold War) का मूल कारण भी यही है, एक-दूसरे की विचारधारा के प्रति असहिष्णुता, बौद्धिक अहिंसा का अभाव। जब तक इस बुनियादी सत्य को इन देशों द्वारा नहीं समझा जाएगा तब तक विश्व पर विनाशकारी युद्ध का खतरा मँडराता रहेगा।

तीर्थंकर श्री महावीर के उपरांत गौतम बुद्ध ने अहिंसा का संदेश सारे संसार को दिया जिसमें इन सबकी मनाही है—

- स्वयं हिंसा करना,
- दूसरों से हिंसा करवाना, अथवा
- अन्य किसी भी तरह से हिंसा में योग देना।

वर्तमान समय में महात्मा गाँधी ने, अपने जीवन के हर पक्ष—विचार, वाणी और कर्म में, अहिंसा को अपनाते हुए यह साबित किया कि—

आत्मबल, शारीरिक बल से श्रेष्ठ है।

पूर्ण 'अहिंसा' अपनाते हुए बलशाली ब्रिटिश सत्ता से स्वतंत्रता संग्राम छेड़कर विश्व में अद्वितीय मिसाल पेश की। कोटि-कोटि भारतवासियों

ने इसी आत्मबल के सहारे, निहत्थे रहते ब्रिटिश मशीनगनों का सामना किया और ब्रिटिश शासन की नींव हिला दी और आजादी हासिल की। हालाँकि उनकी इस विजय में यह सत्य भी शामिल है कि द्वितीय विश्व युद्ध ने इंग्लैंड को इतना कमजोर कर दिया था कि उसने आसानी से घुटने टेक दिए।

पश्चिमी जगत ने अपनी आर्थिक सम्पन्नता, बुद्धिमत्ता एवं विज्ञान का उपयोग, घातक हथियारों को तैयार करने में लगाया, सबकी पोषक, इस पृथ्वी के संरक्षण एवं समृद्धि के लिए नहीं!

हर विचारशील व्यक्ति, युद्ध में परमाणु बम (Atom Bomb) का उपयोग किए जाने की आशंका से काँप उठता है। इन अस्त्रों से अति शक्तिशाली ज्वाला की लहर निकलती है, जो मजबूत से मजबूत इमारतों को, कई किलोमीटर के दायरे तक नष्ट कर देती है। परमाणु अस्त्रों से निकलने वाली 'गामा किरणें' अग्नि की ज्वाला के रूप में, व्यक्तियों और प्राणियों के शरीर को जलाकर राख कर देती है।

द्वितीय विश्व युद्ध के समय, 'हिरोशिमा' तथा 'नागासाकी' पर गिराए गए परमाणु के तत्काल 'घातक प्रभाव' तथा जो लोग शेष बच गए उन पर हुए दूरगामी प्रभाव, जो कि अगली पीढ़ियों तक नुकसान पहुँचाते रहेंगे, विश्व अभी भूला नहीं है।

परमाणु अस्त्रों का प्रयोग, पर्यावरण के लिए भी हानिकारक है। वह पर्यावरण में मौजूद नाइट्रोजन को नष्ट कर देता है, जिसके परिणामस्वरूप ओजोन गैस के आवरण की जो परत है, जो सूर्य की अल्ट्रावायलेट किरणों से हमारी रक्षा करती है, वह नष्ट हो जाती है। इस ओजोन के रक्षा कवच के न रहने से अल्ट्रावायलेट किरणें, सीधे हम पर पड़ती हैं और चर्म रोग, विशेषकर कैंसर का कारण बनती हैं।

इसके अतिरिक्त, ये किरणें फसलों को भी नुकसान पहुँचाती हैं। अनेक सूक्ष्म जीवों (Microbacteria) को भी नष्ट कर देती हैं, जो कि हमारे सहायक हैं। अन्य और भी दूरगामी परिणाम पड़ सकते हैं, जिनसे हम अभी अनभिज्ञ हैं।

अब मानव ने A.I. (Artificial Intelligence) का आविष्कार कर लिया है। ए.आई. का उपयोग करते हुए, अब जो हथियार बनेंगे, वे अणु बम से कई गुणा अधिक विनाशकारी होंगे। विश्व में हथियारों की होड़ अभी भी जारी है। यदि अमेरिका ने नवीन हथियार तैयार कर लिया, तो रूस को बनाना जरूरी है। चीन ने बना लिया तो जापान और अन्य देशों के लिए भी जरूरी है। इस होड़ में भला चीन कैसे पीछे रह सकता है, इस सबका असर पड़ता है। भारत, जापान, अफ्रीका तथा एशिया के अन्य देशों पर जो अपने लाखों लोगों को स्वास्थ्य, शिक्षा, विकास के अवसर देना चाहते हैं, गरीबी रेखा से ऊपर उठाना चाहते हैं, उन्हें इन तमाम अति आवश्यक सेवा, सुविधा के बजट में भारी कटौती करते हुए उस राशि को 'मिलिटरी बजट' में लगाना पड़ता है।

हथियारों की इस होड़ को रोकने का एकमात्र उपाय है विश्व के देशों विशेषकर पाश्चात्य देशों का 'अहिंसा' की आवश्यकता को समझना और उसे बौद्धिक स्तर पर तथा कार्यों में, अपनी राजनैतिक एवं शासकीय योजनाओं में अपनाना यह नितांत आवश्यक है।

विशेष लेख

जैन मुनियों की जीवन शैली पर्यावरण संरक्षक

कुछ दशकों पूर्व तक यह एक आम दृश्य था, जब जैन मुनियों का समूह सड़क से गुजरता था तो प्रत्येक के मुख पर मास्क बंधा होता था और हाथ में एक चँवर जिससे वे सड़क की धूल की ऊपरी परत

हटाते हुए चलते थे। तब शहर छोटे थे, सड़कों का डामरीकरण नहीं होता था।

वे मुख पर मास्क इसलिए पहनते थे कि उनकी साँस से वातावरण में मौजूद सूक्ष्म जीवाणु नष्ट न हों और चँवर से राह की धूल हटाते चलते थे कि वहाँ मौजूद कोई जीवाणु नष्ट न हों।

तब बच्चे और नासमझ लोग उनकी इस क्रिया को देखकर उन पर हँसते थे किन्तु आज विज्ञान ने यह प्रमाणित कर दिया है कि वे सूक्ष्मजीवी (Microbes) मनुष्य के स्वयं के जीवन के लिए, इस पृथ्वी की अन्न, जल, वायु, स्वच्छता व्यवस्था आदि के लिए कितने आवश्यक और अनमोल हैं। उनका जीवित रहना, स्वयं मनुष्य के जीवित रहने के लिए कितना अनिवार्य है। आइए, इन वास्तविकताओं पर गौर करें।

आपको अंदाज नहीं कि इनकी सहायता से आपका स्वास्थ्य टिका है। वे हमारे संपूर्ण शरीर के विभिन्न भागों विशेषकर आँतों, पूरी त्वचा की सतह पर रहते हैं और अनेक रासायनिक क्रियाओं द्वारा हमारा जीना संभव करते हैं। आपके शरीर की पूरी त्वचा (Skin) की सतह पर एक ट्रिलियन सूक्ष्म माइक्रोब मौजूद रहते हैं। आपकी आँतों में, आपकी आँखों पर, आपकी नासिका (नाक) में, आपके मुख में, दाँतों के इनामेल में अपनी जगह बनाते हुए। इन सबकी संख्या का आपको अंदाज नहीं। अकेले आपकी आँतों (intestines) में, सौ ट्रिलियन माइक्रोब मौजूद हैं, जिन पर आपकी पाचन शक्ति, आपका स्वास्थ्य निर्भर है। इनके चार सौ प्रकार हैं, सबका कार्य बँटा हुआ है, कुछ का स्टार्च से, कुछ का प्रोटीन से, कुछ का अन्य हानिकारक बैक्टीरिया को नष्ट कर देने की जिम्मेदारी से संबंधित है।

सूक्ष्मजीवी माइक्रोब पृथ्वी की विभिन्न व्यवस्थाओं व शक्ति के अभिन्न घटक हैं जिसके चंद उदाहरण हैं–

- मनुष्य द्वारा फेंका गया विशाल कूड़ा, उसे परिवर्तित कर भूमि में पुनः शामिल कराना या समाहित करना।

- मृत पशु, प्राणियों, वनस्पति से झड़ा हुआ कूड़ा इन्हें खाद के रूप में परिवर्तित कर, भूमि में शामिल कराना।

- खेती की जमीन को उपजाऊ बनाए रखना।

- जल को शुद्ध बनाए रखने में सहायता।

- वायु को प्राणदायी ऑक्सीजन-युक्त बनाए रखना।

उदाहरणस्वरूप यहाँ एक का विस्तृत वर्णन प्रस्तुत है–

पृथ्वी अन्य ग्रहों की ही तरह एक निर्जीव तथा वन वनस्पति विहीन ग्रह थी। इस पर प्राणवायु लाने का और इसे सजीव ग्रह बनाने का श्रेय एक बैक्टीरिया 'साइनोबैक्टीरिया' को जाता है, मनुष्य को नहीं। ये हरे नीले रंग के, एक प्रकार के (algae) थे जिसे एक प्रकार की पानी में उगने वाली घास कह सकते हैं। ये पानी से हाइड्रोजन लेते थे, सूर्य से ऊर्जा और अपना भोजन तैयार करते थे तथा इस प्रक्रिया में वे ऑक्सीजन बाहर नकालते थे। इस प्रकार (Photosynthesis) जल से हाइड्रोजन, सूर्य से ऊर्जा, और पर्यावरण से कार्बन-डाइ-ऑक्साइड लेकर भोजन तैयार करने की प्रक्रिया का जन्म हुआ। इस प्रकार भोजन तैयार करने की प्रक्रिया का एक अत्यंत महत्त्वपूर्ण परिणाम है "प्राणवायु ऑक्सीजन" का बाहर निकालना। ग्रह पृथ्वी पर वन-वनस्पति तथा प्राणिजगत व मानव प्रजाति का प्रारंभ व मूल आधार यही प्राणवायु ऑक्सीजन है। फोटोसिंथेसिस द्वारा भोजन तैयार करने की प्रक्रिया में वन-वनस्पति पर्यावरण से जो कार्बन-डाइ-ऑक्साइड भीतर लेते हैं या सोखते हैं, यह पृथ्वी की, स्वयं के तापमान को सम बनाए रखने की तथा समस्त प्राणिजगत के जीवन संरक्षण की, एक अत्यंत अहम व्यवस्था है।

मनुष्य स्वयं को सृष्टि में सर्वोच्च व सक्षम माने बैठा है, किन्तु वह वास्तविक सत्य से बहुत दूर हो गया है। सत्य यह है कि उसका स्वयं का जीवन इन सूक्ष्म जीवधारी माइक्रोब्स पर निर्भर है। मनुष्य को इस प्रकार की जीवन शैली अपनानी होगी जिसमें ये सूक्ष्मजीवी माइक्रोब नष्ट न हों। इनके नष्ट होने का एक उदाहरण है, पश्चिमी देशों के कृषि विशेषज्ञों द्वारा "हरित क्रांति" के अंतर्गत सुझाए गए केमिकल फर्टिलाइजर व केमिकल इन्सेक्टिसाइड का उपयोग।

इनके द्वारा न केवल उन माइक्रोब एवं केंचुए आदि नष्ट हुए जो कि भूमि की उपजाऊ शक्ति को बनाए रखने में सहायक थे, बल्कि ये केमिकल बहकर जल के कणों में पहुँचते हैं और वहाँ भी जल को शुद्ध रखने में सहायक प्राकृतिक प्रबंधों और सूक्ष्मधारी जीव जो उसके एक महत्त्वपूर्ण अंग हैं, उन्हें नष्ट करते हैं।

यह समझ में आने के उपरांत अब देश एवं विदेश के सभी कृषि विशेषज्ञ इस पर भरपूर जोर दे रहे हैं कि केमिकल फर्टिलाइजर का उपयोग बंद किया जाए और "ऑर्गेनिक खेती" की जाए, जो भारत का किसान सदियों से करता आ रहा है और जिसका आधार "गोबर धन" था।

कृषि, भूमि की उर्वरकता के अलावा ऐसे अन्य क्षेत्रों में भी विचार करना आवश्यक है जिससे सहायक सूक्ष्म जीवधारी माइक्रोब नष्ट न होने पाएँ। यह मनुष्य के स्वयं के अस्तित्व के लिए भी आवश्यक है।

दादी की गुदड़ी

बात है तब की और अब की। तब की जीवन-शैली की और अब की जीवन-शैली की। वह जीवन-शैली थी मितव्ययता की, कम सामग्री में अधिक से अधिक जरूरतों को पूरा कर लेने की दादाजी के समय में, हर घर की खूंटी पर एक कोट टंगा रहता था। जब भी किसी बड़े सदस्य को किसी सामाजिक समारोह में शामिल होना होता था तो वे वह कोट पहनकर शामिल होते और लौटने पर, उसी खूंटी पर वह कोट टांग दिया जाता था।

घर की वृद्धा दादी, जो मेहनत के काम नहीं कर सकती थीं, वे घर के पुराने रंगीन कपड़ों के टुकड़े जोड़कर, उन्हें एक सुन्दर गुदड़ी के रूप में सीते रहती थीं। घर के बच्चों से कह देतीं कि 'दर्जी काका' के यहाँ चले जाओ और उनसे दिनभर की "कतरन" मांग लाना। बच्चे हँसते-खेलते चले जाते और रंग-बिरंगी कतरन मांग लाते। दादी उन्हें गुदड़ी में शामिल कर लेतीं। इस प्रकार पुराने कपड़ों से एक रंग-बिरंगी गुदड़ी तैयार हो जाती। आधुनिक जीवन-शैली में, जहाँ टेलीविजन हर घर में शामिल हो चुका है, दादी का समय टी.वी. सीरियल देखने में ही चला जाता है।

भारत की परम्परागत (Traditional) जीवन-शैली थी, "कम वस्तुओं से संतुष्ट, सफल जीवन जीने की। इस जीवन-शैली को संभव बनाए हुए था, एक अहम सिद्धांत और वह था: "मनुष्य का अपनी इच्छाओं और प्रकृति के संसाधनों के बीच संतुलन बनाए रखना।" जीवन के लिए जो आवश्यक है वह सब प्रकृति से ही प्राप्त होता है। हमारे

पूर्वज प्रकृति का आदर करते थे। अपनी आवश्यकताओं को सीमित रखकर, उसका सम्मान बनाए रखते थे।

आधुनिक जीवन-शैली का आरंभ हुआ पश्चिम के देशों में मशीनों के आविष्कार से, (Industrialisation) जिस पर आधारित अर्थव्यवस्था और शहरीकरण (Urbanisation) का जन्म हुआ। कारखानों में वस्तुएँ बहुत बड़ी तादाद में तैयार होने लगीं। हर चीज की उपलब्धता बढ़ जाने के कारण लोगों में यह संदेश पहुँचा कि अब उन्हें अपनी इच्छाओं को, अपनी जरूरतों को कम करने की आवश्यकता नहीं रही और न ही पुरानी चीजों को नया रूप देकर (Recycle) उन्हें उपयोग में लेने की।

अब हम जरूरत के अनुसार चीजें नहीं खरीदते बल्कि प्रचलित तौर-तरीकों (Trend) या रुझान के मुताबिक खरीदते हैं और यह रुझान मार्केट तय करता है। यह बात हर सामग्री पर लागू होती है। हमारी ड्रेस, घर की साज-सज्जा का सामान, फर्नीचर, स्कूटर, कार आदि।

कारखानों ने, न केवल अधिक तादाद में सामग्री उपलब्ध करा दी बल्कि चीजें सस्ती भी कर दीं किन्तु यह भी सोचने और समझने की आवश्यकता है कि जिसे हम सस्ता कह रहे हैं क्या वह सचमुच सस्ता है? उदाहरण के तौर पर एक कार को लीजिए। नित नई-नई मॉडल कार मार्केट में आ रही हैं। इनके दाम तय किए जाते हैं उसमें हर चीज की कीमत जोड़ी जाती है। चिन्तन करिए कि क्या हम इस कीमत में, जो सामग्री प्रकृति से प्राप्त की गई, जो मूल्य प्रकृति ने पर्यावरण प्रदूषण के द्वारा चुकाया, मसलन कारखानों से निकले धुएँ, कारों के एग्जॉस्ट पाइप नली से निकली जहरीली गैसें, उनसे जो हानि विशेषकर हमारे बच्चों के फेफड़ों को पहुँचाई, क्या उसकी कीमत शामिल की गई? यदि करते तो कार या इसी तरह अन्य ऐसी ही चीजें खरीदना असंभव हो जाता।

इसे भी जानना और समझना जरूरी है कि प्रकृति के संसाधन, जैसे–पेट्रोल, कोयला, खनिज, लोहा, ताँबा, एल्युमीनियम आदि तथा हमारा फर्नीचर बनाने के लिए वनों से प्राप्त होने वाली लकड़ी, अन्न उत्पादन के लिए उपजाऊ भूमि–सभी कुछ सीमित हैं। हम इतनी तेजी से प्रकृति की इस संपत्ति को खर्च नहीं कर सकते। हमें स्वयं की इच्छाओं को सीमित रखना ही होगा।

विश्व के दूरदर्शी विचारकों को इसका आभास होने लगा है, इसीलिए एक अत्यंत महत्त्वपूर्ण, अत्यंत आवश्यक सिद्धांत को जीवन-शैली में अपनाने पर जोर दिया जा रहा है। वह है–

- अपनी जरूरतों को सीमित रखें (Reduce)
- उपयोग में ली गई पुरानी चीजों को फेंक देने के बदले उनका पुनरावर्तन (Recycle) करें।
- और उन्हें पुन: उपयोग में लें (Reuse)।

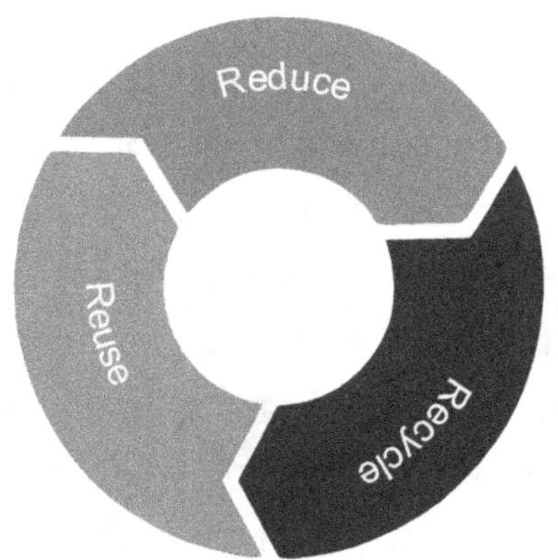

प्राचीन भारत की जीवन-शैली इसी सिद्धांत पर आधारित थी, जिसकी एक झलक 'दादी की गुदड़ी' पेश करती है।

झाड़न-बुहारन
कूड़ा व कूड़े का निदान

आप किसी भी प्राकृतिक स्थल पर जाएं तो उसे स्वच्छ, सुन्दर पाएंगे। यह प्रकृति की स्वयं को स्वच्छ रखने की अद्वितीय क्षमता है। बाग-बगीचों में, पेड़ों से झड़े सूखे पत्ते, हमारी नजर में कचरा हैं। हम उन्हें झाड़ बुहाकर फेंक देते हैं किन्तु प्रकृति इन्हें पोषक खाद के रूप में परिवर्तित करके उन्हीं पेड़ों के लिए उपयोगी पोषण बना देती है।

भारतीय घरों से निकला प्राय: 70% कचरा, साग-सब्जी व फलों के छिलके, सूखे पत्ते, भोजन की जूठन, कागज के टुकड़े आदि रहता है। प्रकृति इन्हें अत्यंत उपयोगी खाद के रूप में परिवर्तित कर देती है।

हम यदि प्राणिजगत (पशु, पक्षी, मनुष्य) पर नजर डालें, तो इनमें से किसी के भी मृत हो जाने के बाद उन्हें तत्काल हटाना पड़ता है, नहीं तो वे बदबूदार कूड़े का रूप ले लेते हैं। हिन्दू, मृत व्यक्ति को, अग्नि को समर्पित कर देते हैं, यह मानते हुए कि शरीर पाँच तत्त्वों से बना है और प्रकृति के पाँच तत्त्वों में (हवा, पानी, आकाश, अग्नि, भूमि) विलीन हो जाएगा। अवशेष को वे नदियों में बहा देते हैं। क्रिश्चियन समुदाय मृतक को जमीन में दफना देता है। बाइबिल के इस कथन के अनुसार "Dust unto dust, going back to dust". संत कबीर ने भी यही कहा था कि "हम सब माटी के घड़े हैं, किन्तु भिन्न-भिन्न आकार-प्रकार के और अंत में माटी में ही समा जाएंगे। विज्ञान ने भी यही साबित कर दिया है कि Matter कोई भी पदार्थ

न तो बनाया जा सकता है, न ही वह कभी नष्ट होता है, केवल उसका स्वरूप बदल जाता है।

इन सबसे जो आवश्यक सिद्धांत हमें समझना और सीखना है, वह यह है कि प्रकृति से उत्पन्न या बनी हुई हर चीज (चाहे वह वनस्पति जगत की हो चाहे प्राणी जगत की हो) प्रकृति अपने में ग्रहण कर लेती है, समाहित कर लेती है, किन्तु आधुनिक समय में जिस प्रकार का कूड़ा मनुष्य निर्मित कर रहा है, वह प्रकृति को ग्राह्य नहीं है, मंजूर नहीं है।

तो आइए देखें यह किस प्रकार का कूड़ा है। यह कूड़ा मनुष्य की आधुनिक जीवन-शैली से (विशेषकर पाश्चात्य देशों) से संबंधित है विभिन्न प्रकार के इलेक्ट्रॉनिक उपकरणों (मोबाइल फोन, कम्प्यूटर, आई-पैड, लैपटॉप आदि) प्लास्टिक तथा थर्मोकोल से बनी विभिन्न सामग्री आदि। इस्तेमाल करें और फेंक दें (Use and throw) वाली जीवन-शैली ने ऐसे कूड़े का अंबार लगा दिया है जो प्रकृति को ग्राह्य नहीं।

आज प्लास्टिक के कूड़े से समुद्र को घुटन महसूस हो रही है। समुद्री जीवों का जीवन खतरे में पड़ गया है। पृथ्वी इलेक्ट्रॉनिक कूड़ों से आहत हो रही है, न केवल भूमि बल्कि अब तो अंतरिक्ष में भी कूड़ा मंडरा रहा है (सेटेलाइट व रॉकेट के टूटे पुर्जों के रूप में)। न केवल जमीनी प्राणियों बल्कि स्वयं मनुष्य के जीवन पर भी खतरा मँडरा रहा है। विश्व को सचेत हो जाना चाहिए कि यह जीवन-शैली उन्हें विनाश की कगार पर लाकर खड़ा कर देगी और युद्ध स्तर पर प्रयत्नशील हो जाना चाहिए। समय रहते हम ऐसी जीवन-शैली अपना लें जहाँ हानिकारक कूड़ा इतनी अधिक तादाद में तैयार न हो कि प्रकृति उसे बर्दाश्त न कर सके, उसे पुनः पुनरावर्तित (Recycled) न किया जा सके।

कूड़े का निदान

इस दिशा में भारत के प्रयास विश्व के लिए अनुकरणीय उदाहरण प्रस्तुत करते हैं। वे इस प्रकार हैं–

1. **इलेक्ट्रॉनिक कूड़े से संबंधितः** पुराने इलेक्ट्रॉनिक सामान की मरम्मत करके उन्हें मार्केट में भेजा जाता है, जहाँ लोग उन्हें खरीदकर पुनः उपयोग में लेते हैं।

   पुराने इलेक्ट्रॉनिक सामान में से कीमती धातु को निकालकर, अच्छे दामों पर कम्पनियों को बेचा जाता है। स्मार्ट फोन में से निकाला गया सोना, कम्प्यूटर से निकाला गया ताँबा, लोहा आदि अच्छे दामों पर बिक जाते हैं।

   कई कम्पनियाँ, उपकरणों को लेकर नई सामग्री तैयार करने में लगी हुई हैं, जैसे–बच्चों के खिलौनों की बैटरी के रूप में तब्दील करना तथा मोबाइल फोन के चार्जर के रूप में इस्तेमाल करना इस दिशा में निरंतर रिसर्च जारी है, इस विश्वास के साथ कि–कोई भी वस्तु जो उपयोगी नहीं है तो उसे उपयोगी बनाया जा सकता है।

2. **पुराने कपड़ों को उपयोगी बनाने के प्रयासः** यह दो प्रकार से किया जाता है–

   (अ) व्यक्तिगत स्तर परः पुरानी पोशाक पैंट, शर्ट, टी-शर्ट, स्वेटर, बच्चों के कपड़े आदि लेकर उनके बदले में नए बर्तन देने वाली महिलाएँ जो हर मोहल्ले में फेरी लगाती हैं और घरों से पुरानी पोशाकें एकत्र करती हैं।

   बाद में पुराने कपड़ों के बाजार में, गरीब परिवार इनसे सस्ते दामों में ये कपड़े प्राप्त कर लेते हैं और उनका उपयोग करके काम की जगह अपनी प्रतिष्ठा बनाए रखते

हैं। एक पैंट जो उन्हें बाजार में 2000/- में मिलती, वही इनसे 200/- में प्राप्त हो जाती है।

(ब) कबाड़ी वाला ऽऽऽऽ की आवाज लगाता हुआ हर मोहल्ले में फेरी लगाता है। वह है तो साधारण सा व्यक्ति किन्तु एक महत्त्वपूर्ण भूमिका निभा रहा है। वह घरों से पुरानी वस्तुएँ, जैसे–पुराने अखबार, खाली डिब्बे, काँच की बोतलें आदि सस्ते दामों पर खरीद लेता है; फिर उन्हें इसी तरह के सामान की बड़ी कबाड़ी की दुकान पर बेच देता है। बड़ी दुकान, इस सामान को बड़ी फैक्टरी या कम्पनी में सप्लाई कर देती है जहाँ इनसे नई उपयोगी वस्तुएँ तैयार कर मार्केट में भेज दी जाती हैं।

3. **सामूहिक स्तर पर:** महिला संस्थाओं द्वारा – उदाहरण S.E.W.A.
   – Self-Employed Women's Association

इस संस्था की महिलाएँ जाकर, कपड़ों के कारखानों द्वारा फेंके गए छोटे-बड़े कपड़ों के टुकड़ों को ले आती हैं और उनसे नई उपयोगी चीजें तैयार कर मार्केट में भेजती हैं। बड़े कपड़ों से चादर तकिए के गिलाफ, रजाई के कवर आदि तथा छोटे टुकड़ों से बच्चों की फ्रॉक व अन्य पोशाक तैयार करती हैं। कोरोना महामारी के समय में इस संस्था द्वारा हजारों मास्क तैयार किए गए।

इस प्रकार व्यक्तिगत और संस्थागत हर स्तर पर पुरानी अनुपयोगी वस्तुओं को पुनः उपयोगी वस्तुओं के रूप में परिवर्तित किया जा रहा है ताकि वे कूड़ा न बनकर उपयोगी बनी रहें।

भारत का यह प्रयास पाश्चात्य देशों के Use and throw "इस्तेमाल करो और फेंको" वाली जीवन-शैली वालों के लिए निश्चय ही अनुकरणीय है।

वह जिसे माटी ग्रहण करे
(Biodegradable)

जो माटी से उपजे
वो ही माटी में समाए।

जैसे–पेड़, पत्ते, फूल, पौधे, लता, बेल, दूब (grass) आदि जो माटी को भाते थे, वे ही हमारे जीवन में समाते थे। हमारे हर सुख, दुःख में, पूजा-अर्चना में, शादी-ब्याह या फिर मरणोपरांत दिए जाने वाले भोजों में, केले के पत्तों में या फिर तेंदू के पत्तों से बने दोना पत्तलों में भोजन परोसा जाता था। दक्षिण भारत में आज भी केले के पत्तों में भोजन परोसने की प्रथा को देखा जा सकता है।

भोज के बाद ये पत्तलें कहाँ फेंकी जाती थीं? वे बाहर माटी में फेंकी जाती थीं। माटी से उपजी वे माटी में ही समा जाती थीं!

हमारा रंगों भरा, उमंग भरा, बसंत ऋतु के आगमन पर, होली का त्योहार, टेसू के फूलों को उबालकर जो सुन्दर नारंगी रंग मिलता था, उससे खेला जाता था जो हर प्रकार से हानि रहित था।

फिर आधुनिक विकासशील देशों से हवा आई और पत्तलों को उड़ा ले गई और उनके बदले "उपयोग में लो और फेंक दो" (Use and throw) वाले प्लेट और गिलास थमा गई। शहर पहले प्रभावित हुए। आँधी तेज थी, थोड़े ही दिनों में ट्रेनों में तथा शहरों के सामाजिक

भोजों में, सभी जगह—"यूज एण्ड थ्रो" वाले प्लेट व गिलास अपना लिए गए। ये प्लेट व गिलास थर्मोकोल या प्लास्टिक से बने थे।

रुकिए और विचार करिए—

'यूज एण्ड थ्रो' किन्तु कहाँ?

डस्टबिन में! उसके आगे कहाँ?

शहर के बाहर, खाली जमीन में!

किन्तु—

जमीन इन्हें नहीं अपनाएगी

ये भूमि से उपजी वस्तुएं नहीं

जो भूमि में समा जाएंगी।

ये वर्षों तक भूमि को प्रदूषित करती हुई कीड़े-मकोड़े और रोग के कीटाणुओं का घर बन जाएंगी और बीमारी फैलाएंगी।

आइए "माटी ही माटी में समाए" इसका एक और उदाहरण लें और उस पर गौर करें—

आप अभी भूले न होंगे, स्टेशन का वह दृश्य कि ट्रेन आई, चाय वाले ने आवाज लगाई–"चाय गरम!" ग्राहकों को "कुल्हड़ों" में गरमा-गरम चाय पिलाई, लोगों ने चाय पी, कुल्हड़ फेंके, ट्रेन चल दी। अनेक ट्रेनें आती रहीं, अनेक चाय के कुल्हड़ इस्तेमाल होते रहे और फेंके जाते रहे।

अब उनका क्या हुआ?

वे माटी के थे, माटी में समा गए!

आधुनिक विकासशील देशों की हवा आई और लोगों के हाथों में प्लास्टिक के कप थमा गई।

उपयोग करें और फेंक दें! यूज एण्ड थ्रो! सबने सराहा। ट्रेनें आती रहीं, जाती रहीं, अनेक प्लास्टिक के कप जमा होते रहे, अंबार लग गया।

रुकिए जरा सोचिए! यूज एण्ड थ्रो किन्तु कहाँ?

ये माटी के नहीं जो माटी में समा जाएंगे। ये प्लास्टिक हैं, वर्षों बाद भी बने रहेंगे। माटी इन्हें ग्रहण नहीं करेगी। ये यों ही बने रहेंगे। ये प्रदूषण बनकर बीमारी फैलाते रहेंगे। सबके जीवन के लिए खतरा बन जाएंगे।

निष्कर्ष–

माटी के कुल्हड़ में गरम चाय!

माटी के घड़े में ठंडा जल!

पत्तलों में भोजन परोसा जाना!

ये Eco Friendly "पर्यावरण संरक्षक" प्रथाएँ थीं जिन्हें भारत अपनाए हुए था।

दीपावली

एक अनुभव पर आधारित–

"कुछ ही दशक पहले तक सिर पर माटी के दीयों की टोकरी लिए, एक बूढ़े दादा घर पर आया करते थे। हम उन्हीं से दीए खरीद लेते थे। वे आंगन में बैठ जाते सिर का बोझ उतारकर, दीए गिनने के लिए। तभी वे अपने सुख-दुःख की दो बातें भी कर लेते थे, अपने मन का बोझ उतारने। बताते थे, "दीए बड़ी मेहनत से तैयार होते हैं। घर के बहू-बेटे जो मेहनत कर सकते हैं, वे माटी को नरम बनाकर इन्हें तैयार करते हैं। मैं तो सिर्फ बेचने आ जाता हूँ। हम माटी के घड़े भी बनाते हैं लेकिन वे अब कम बिकते हैं, क्योंकि घरों में पानी ठंडा करने की मशीनें आ गई हैं।" यह वार्ता हमारे देश के कुटीर-उद्योग का एक उदाहरण प्रस्तुत करती है।

इस प्रकार गरीब के घर भी थोड़ी लक्ष्मी आ जाती थी, उसकी भी दिवाली हो जाती थी। पर पिछले कुछ दशक से बिजली की चकाचौंध आ गई। लोग अपनी दो-तीन मंजिला इमारतें भी बिजली की रंग-बिरंगी लड़ी से सजाने लगे हैं। मुझे वह दिन आज भी दुःखी करता है, जब पुराने विश्वास के साथ "दादा" दीए बेचने आए थे और उन्हें यह कहते हुए लौटा दिया गया था कि "दादा अब हम दीए नहीं

खरीदेंगे।" दादा बड़ी आशा और विश्वास लिए हुए आए थे उन्हें खाली हाथ, निराश होकर लौटना पड़ा था। उस समय उनके निराश चेहरे पर जो वेदना थी, वह भुलाई नहीं जा सकती। उन्होंने लौटने से पहले, सिर से टोकरी उतारकर, हताश स्वर में मिन्नत की थी कि "कुछ दीए तो खरीद लीजिए।" तब पूजा के लिए इक्यावन (51) दीए खरीद लिए गए थे।

अब सभी घरों में यही चलन शुरू हो गया है कि पूजा के निमित्त कुछ दिए खरीद लिए जाते हैं, शेष सजावट और रोशनी बिजली से ही की जाती है। माटी के दीयों की मांग ठुकरा दिए जाने पर, केवल गरीब बूढ़े 'दादा' ही हताश नहीं हुए, केवल उन गरीब परिवारों को ही हानि नहीं पहुँची, जो माटी के दीए बनाते हैं, बल्कि इससे कई गुना बड़ी और गंभीर हानि प्रकृति को हुई, धरती माँ को हुई।

हमारे देश में बिजली, कोयला जलाकर जीवाश्म ईंधन (Fossil Fuel) तैयार की जाती है। जब कोयला जलता है तो कार्बन-डाइ-ऑक्साइड गैस निकलती है। पृथ्वी के वायुमंडल में पिछले पचास वर्षों में यूरोप एवं अमेरिका में हुए औद्योगीकरण से इस गैस का जमाव पहले ही खतरे की सीमा पार कर चुका है। इस जमाव के कारण पृथ्वी का तापमान बढ़ चुका है। यह समस्त प्राणिजगत व सृष्टि के लिए विनाशकारी है। इसे आधुनिक भाषा में ग्लोबल वार्मिंग (Global Warming) कहा जाता है। पृथ्वी का तापमान बढ़ने से ही अनेक महाविनाशकारी आपदाएँ आ रही हैं, जैसे–आग की ज्वाला जैसे तापमान वाली गर्म हवाएँ जो जंगलों में आग लगा देंगी, अनियंत्रित घनघोर वर्षा, जान-माल को नष्ट करती हुई बाढ़, समुद्र तटीय तूफान (Cyclones) आदि। इन्हें ही प्रलय (Doomsday) कहा जाता है; ये समस्त मानव जाति के लिए प्रकृति की ओर से बार-बार दी जा रही "महाविनाश" की चेतावनी है। अत: यह जरूरी है कि हम बिजली कम खर्च करें, अपने हर कार्य में यहाँ

तक की दिवाली भी अपने परम्परागत तरीके से ही मनाएं, माटी के दीप जलाकर।

भारत को इस माटी के दीए की टिमटिमाती रोशनी में ही पश्चिमी देशों को आगे की राह दिखाना है। अंतरिक्ष से लिए गए फोटोग्राफ में, पश्चिम के धनवान देशों के शहर रोज ही दिवाली की रात्रि की तरह बिजली की रोशनी से जगमगाते दिखाई देते हैं; इसका ज्वलंत उदाहरण है अमेरिका का शहर (Las Vegas) लॉस वेगास। यदि हम गंभीरतापूर्वक तथ्यों के आधार पर विचार करें तो यह स्पष्ट हो जाएगा कि पृथ्वी का तापमान बढ़ रहा है और इस कृत्रिम जगमगाहट के साथ ग्लोबल वार्मिंग का धुआँ भी उठ रहा है। यदि इस खतरे को समय रहते न रोका गया तो अन्य प्राणियों के साथ-साथ स्वयं मनुष्य जाति का नामोनिशाँ नहीं बचेगा।

हमें एवं पूरे विश्व को, समय रहते (Eco-friendly) पर्यावरण के अनुकूल जीवन-शैली अपनानी ही होगी, पर्यावरण की रक्षा के लिए ही नहीं बल्कि स्वयं के अस्तित्व के लिए भी।

धरती माँ

जब तक विश्व 'पृथ्वी' के साथ आदर, आभार, कृतज्ञता एवं संवेदनशीलता के साथ नहीं जुड़ता, तब तक स्वयं मनुष्य का व संपूर्ण सृष्टि का महाविनाश नहीं रोका जा सकेगा।

- खिलती सुनहरी धूप। यह वह संपत्ति है जो आज भारत को सूर्य ऊर्जा (Solar Energy) की उपलब्धि में विश्व का अग्रणी देश बना देने में सक्षम है।

- विशाल जन-धन, वह भी युवा आयु वाला, जो देश के लिए कठिन परिश्रम कर सकने की क्षमता रखता है।

नोट: जन-धन, विशेष उल्लेखनीय है, क्योंकि यूरोप के कई देश, जैसे–फ्रांस, इटली आदि जिनमें जन-धन की कमी एक चिंताजनक समस्या है। जो हैं, उनमें युवा आयु वर्ग की कमी तथा बड़ी उम्र के लोगों की अधिकता है। इस–

- भूमि के गर्भ में कीमती धातुओं, जैसे–लोहा, एल्युमीनियम आदि के भंडार।

- सबसे अनमोल निधि, जो भारत को उसके आदिपूर्वज आर्यों से विरासत में मिली, वह है संस्कृति; जिसका वर्णन यदि किया जाए तो अनेक ग्रंथ भर जाएंगे, फिर भी पूरा न हो पाएगा। इस अपूर्व, अवर्णनीय संस्कृति के चंद उदाहरण जो वर्तमान समय में भी भ्रमित विश्व को सही दिशा, सही मार्ग दिखा रहे हैं। सन् 2023 के G20 के नेतृत्व पद से – संदेश–

1. One Earth, One Family, One Future

    i. एक पृथ्वी, एक परिवार, एक भविष्य!

    ii. वसुधैव कुटुम्बकम।

    iii. 'अहिंसा' विचारों में, कर्म में न केवल मानव जाति बल्कि समस्त प्राणिजगत के प्रति।

    iv. प्रकृति का हर घटक शक्तिवान, देवतुल्य, आदरवान।

    v. 'पृथ्वी' हमारी धारणकर्ता, पालनकर्ता इससे हमारा अटूट नाता, भावना से, कर्म से, धर्म से।

ओजोन (Ozone) अभाव में जब सूर्य की अल्ट्रा वायलेट किरणें हम पर पड़ती हैं, तो अनेक चर्म रोग व कैंसर आदि गंभीर स्वास्थ्य समस्याएँ पैदा होती हैं।

> **ओजोन सुरक्षा कवच में छेद हो चुका है।**
> **"The Antarctic Ozone Hole."**

इस कार्बनजन्य अर्थव्यवस्था व ऐश्वर्य को पश्चिमी देश "विकास" (Development) मानते हैं और स्वयं को "पूर्ण विकसित" (Fully developed) समझते हैं। अफ्रीका, भारत जैसे देशों को, जहाँ प्रकृति आज भी सुरक्षित है, अविकसित (Undeveloped) मानते हैं।

किन्तु अनजाने में जिस राह पश्चिमी देश चल पड़े, वह तो विनाश की ओर ले जाती है, अब पूरा विश्व इस सत्य को जान गया है। जिन्हें धनवान देश (The Rich Countries) कहा जाता है, क्या वे सचमुच धनवान हैं? आज विश्व ऐसे मोड़ पर खड़ा है, जहाँ से सही राह चुनने के लिए "विकसित" (Developed) की पुरानी परिभाषा, पुराने मापदंड को त्यागकर, नए मूल्यों को समझना और अपनाना होगा।

नए मापदंड के अनुसार विकसित (Developed) देश वे हैं जिन्होंने पृथ्वी को अपने मूल्यों, भावनाओं और रीति-नीति में सर्वोच्च स्थान दिया और विगत 5,000 वर्षों से उसे संजोए रखा, सुरक्षित रखा।

धनवान (The Rich) देश वे हैं जिनके पास अपार प्राकृतिक संपत्ति है, जैसे–घने जंगल, वृक्षों का "हरित धन" (The Green Wealth), उपजाऊ भूमि, पेयजल के कल-कल कर बहते झरने जैसे-जैसे इसके अनेक प्रमाण मौजूद हैं कि इमने सदा प्रकृति एवं पृथ्वी के प्रति आभार तथा आदर की भावना रखी, यहाँ तक कि प्रकृति की शक्तियों को देव-तुल्य सम्मान दिया, जैसे–'वरुण देवता', सूर्य देवता आदि, धरती के सम्मान में 'भूमि पूजन' की प्रथा तो अभी तक मौजूद है। इन भावनाओं के चलते, जीवन की रीति-नीति ऐसी अपनाई गई जिन्होंने–

> **पाँच हजार वर्षों में इस पृथ्वी पर आँच न आने दी, उसे कोई भी हानि न पहुँचने दी।**

किन्तु पश्चिमी देशों ने, विगत 200 वर्षों में ही, अपनी कोयला ऊर्जा पर आधारित औद्योगीकरण, शहरीकरण, पेट्रोल चलित, प्रदूषण उगलती मोटरकार, सी.एफ.सी. (CFC) पर आधारित रेफ्रिजरेटर, एयरकंडीशनर्स आदि से, पर्यावरण में कार्बन डाइ ऑक्साइड की मात्रा इतनी बढ़ा दी कि पृथ्वी का तापमान, खतरे के निशान तक पहुँच गया। प्रकृति की एवं पृथ्वी की संरक्षक व्यवस्थाओं को भारी क्षति पहुँच रही है।

> **ग्लोबल वार्मिंग और मौसम में बदलाव हमारे युग की सबसे गंभीर और विनाशकारी समस्या है।**

पृथ्वी की संरक्षक व्यवस्था में दखल का केवल एक उदाहरण यहाँ उल्लेखित है और वह है— "Antarctic Ozone Hole" पृथ्वी के चारों ओर पर्यावरण में "ओजोन गैस" की एक परत है जो सूर्य की अल्ट्रा वायलेट किरणों से पृथ्वी के प्राणिजगत एवं वनस्पति जगत की रक्षा करती है।

मनुष्य का और अन्य समस्त प्राणियों का—

एकमात्र घर! यह पृथ्वी!

भारत एक प्राचीन देश है, इसकी 5,000 वर्षों की सभ्यता ने, सबकी धारणकर्ता एवं पोषणकर्ता इस 'पृथ्वी' को भावनायुक्त हृदय से धरती माँ! माना और कहा, जबकि पश्चिमी जगत ने, अपनी वैज्ञानिक खोजों के अभिमान में, भावनाविहीन तरीके से इसे महज एक ग्रह (Planet Earth) 'पृथ्वी ग्रह' माना।

प्रकृति (Nature)

हमने प्रकृति को सदैव शक्तिशाली माना, उसके हर घटक को, जैसे–वायु, जल, अग्नि, सूर्य, चन्द्रमा, आकाश आदि इन्हें आदर व आभारयुक्त हृदय से देव स्वरूप माना और पूजा और आदि-गुरु (शिक्षक) भी माना।

> प्रकृति की उदार सहायता पर ही, मनुष्य सहित अन्य सभी प्राणियों का जीना संभव हो पाता है।

किन्तु पश्चिमी जगत ने, मनुष्य को प्रकृति का मालिक माना। प्रकृति की वर्षों से संजोई हुई हर संपत्ति, जैसे– कोयला पेट्रोल, विभिन्न धातु–लोहा, ताँबा, एल्युमीनियम आदि संसाधनों का, हकदार समझा और उनका अंधाधुंध उपयोग भी शुरू कर दिया। अपनी चंद वैज्ञानिक उपलब्धियों के घमंड में, वह इस अटल, शाश्वत सत्य को भूल गया कि इस पृथ्वी पर उसका जीवन प्रकृति के हर घटक की सहायता पर निर्भर है।

इन दो दृष्टिकोणों में एक बड़ा अंतर है। हमारा दृष्टिकोण "सृजन" की ओर ले जाता है और पश्चिमी दृष्टिकोण "विनाश" की ओर। फिलहाल इस अध्याय में हम हमारे दृष्टिकोण का उल्लेख करेंगे।

हमारे प्राचीन साहित्य में ऐसी अनेक रोचक कहानियों और घटनाओं के उल्लेख हैं, जिनके द्वारा बच्चों के मन में प्रकृति के प्रति आदरभाव

की नींव डाली जाती थी। ऐसी ही एक कहानी का यहाँ उल्लेख किया जा रहा है–

कहानी

राजा यदु, उनके पिता के इस निर्णय से अत्यधिक दुःखी, चिंतित व उदास थे कि उन्हें राज्य का उत्तराधिकारी नहीं बनाया जाएगा। इसी व्याकुल और विक्षिप्त अवस्था में वे भटकते हुए जंगल में पहुँच गए। वहाँ उनकी मुलाकात, नवयुवक दत्तात्रेय से हुई। वह युवा व्यक्ति अत्यंत शांत, उन्मुक्त और सुखी मन की अवस्था में बैठा था। राजा यदु, उससे बड़े प्रभावित हुए और उन्होंने उसकी इस अवस्था का राज जानना चाहा।

दत्तात्रेय ने, राजा यदु को आदरपूर्वक बिठाते हुए कहा, "राजन स्वयं का संबंध प्रकृति से जोड़िए। प्रकृति सबसे महान गुरु है, उसकी हर शक्ति एक स्पष्ट संदेश देती है, उससे शिक्षा ग्रहण कीजिए। मैंने यही किया है और इसीलिए मैं इस शांत, सुखद अवस्था में हूँ। आदिगुरु प्रकृति के विभिन्न घटकों द्वारा जो शिक्षा मैंने ग्रहण की, वे इस प्रकार हैं–

पृथ्वी से: बिना भेदभाव के सबकी धारणाकर्ता व पोषक।

वायु से: किसी से भी, कुछ भी लगाव न रखते हुए स्वतंत्र व स्वच्छंद रहना।

आकाश से: सर्वत्र व्याप्त होते हुए भी, किसी भी वस्तु, व्यक्ति या घटना से संबंधित तथा प्रभावित न होना।

जल से: पवित्रता परमोधर्मह तथा अपवित्र को पवित्र कर देने का गुण।

अग्नि से: अति संयमी, कठोर, आडंबरहीन।

सागर (समुद्र) से: अनेक नदियों का जल उसमें सतत् आकर गिरते रहने पर भी, सागर में शांत बने रहने का गुण है।

चन्द्रमा से: पृथ्वी की छाया पड़ने के कारण, प्रत्येक दिन पर, चन्द्रमा का आकार भले हो बदलता (घटता-बढ़ता) दिखाई दे किन्तु वह जानता है कि वह स्वयं अपरिवर्तित है, जैसे कि "आत्मा"।

सूर्य से: जिस प्रकार सूर्य अलग-अलग पानी से भरे पात्रों में अलग-अलग रूप में प्रतिबिंबित होता है किन्तु वह जानता है कि उसका स्वरूप सदा एक रूप है ठीक उसी प्रकार 'आत्मा' का स्वरूप एक-सा है, भले ही वह भिन्न-भिन्न लोगों व प्राणियों में व्याप्त हो। हमें सबको सम दृष्टि से देखना चाहिए।

पतिंगा से: पतंगे से हमें यह सीख मिलती है कि जिस प्रकार वह दीपक की रोशनी से सम्मोहित व आकर्षित होकर सीधा जाकर उसकी लौ में स्वयं के पंख जलाकर, स्वयं को खत्म कर बैठता है, उसी प्रकार हम भी वासनाओं, अन्य प्रलोभनों के प्रति खिंचे चले जाते हैं और जीवन नष्ट कर देते हैं।

दत्तात्रेय की प्रकृति के प्रति व्यक्त इन भावनाओं ने राजा यदु को प्रेरणा दी कि वे प्रकृति की महान शक्ति से आश्वस्त होकर, शांत मन से अपने कर्त्तव्य पर लौट जाएँ।

> **प्रकृति हमारी पोषक है, जीवन की सही रीति-नीति बताने वाली सर्वोच्च आदिगुरु है, संरक्षक है।**

हमारी प्राचीन शिक्षा प्रणाली भी "गुरुकुल" की प्रथा पर आधारित थी जिसमें गुरु (अनुभवी ज्ञानी शिक्षक) जिन्हें हम "ऋषि" कहते थे, उनके आश्रम वनस्थली में हुआ करते थे। विद्यार्थी वहीं रहकर शिक्षा ग्रहण करते थे। प्रकृति के समीप, उसके विभिन्न मौसमों में बदलते रंग-रूप, उसके द्वारा दिए गए फल-फूल, उसमें पलने वाले अन्य समस्त प्राणी, पशु, पक्षी, सहजीवन व्यतीत करते हुए, विद्यार्थी उनसे बहुत कुछ सीखते थे, वह ज्ञान जो आधुनिक मॉडल स्कूलों में 'स्मार्ट बोर्ड' एवं कम्प्यूटर पर उपलब्ध नहीं।

बच्चों के कोमल मन में प्रकृति के प्रति आदर और आभार की नींव पड़ती थी, जो बड़े होने पर उनके जीवन की रीति-नीति निर्धारित करती थी। इससे एक ऐसी व्यवस्था का निर्माण होता था जिसमें प्रकृति तथा समस्त प्राणी सुरक्षित थे।

शक्तिशाली प्रकृति

हम पश्चिमी जगत के दृष्टिकोण से प्रकृति के साथ किए गए व्यवहार पर विचार करें। पश्चिम की विचारधारा के अनुसार "मनुष्य प्रकृति का मालिक है।" प्रकृति की वर्षों की मेहनत से संजोई हुई हर संपत्ति, जैसे–कोयला, पेट्रोल, विभिन्न धातु, जैसे–लोहा, तांबा, एल्युमीनियम आदि संसाधनों पर उसका हक है और उसने अविवेकपूर्ण तरीके से, उनका उपयोग शुरू कर दिया।

सन् 1820, इंग्लैंड – कोयला जन्य ऊर्जा पर आधारित औद्योगीकरण के कारण, कार्बनडाइ ऑक्साइड गैस का रिसाव शुरू हो चुका था। इंग्लैंड की नई अर्थव्यवस्था तथा शक्ति और ऐश्वर्य से प्रभावित होकर, यूरोप तथा अमेरिका ने भी कोयले पर आधारित औद्योगीकरण को अपना लिया।

पर्यावरण में कार्बन डाइ ऑक्साइड गैस की मात्रा अधिक बढ़ जाने के कारण, पृथ्वी का तापमान बढ़ना शुरू हुआ – पृथ्वी गर्म हुई!

प्रकृति रुष्ट हुई!

प्रगति के नाम पर, मनुष्य द्वारा प्रकृति की संचालन व्यवस्था में और भी दखल दिया गया जिसके चंद उदाहरण इस प्रकार हैं–

- **जलभरे दलदल (Mashy Lands):** इन्हें कंक्रीट की गगनचुम्बी इमारतों से पाट दिया गया है, खत्म कर दिया गया है। इसी तरह वर्षा जल को जमा करने वाले तालाबों को पाट दिया गया है और उन पर शहर बस गए हैं।

- **मैंग्रोव के जंगल** (Mangrove Forests): जो बाढ़ को रोकने वाली, एक सुन्दर प्राकृतिक व्यवस्था है, इन्हें नष्ट किया गया है, समुद्र-तटीय शहर बसाने के लिए। आधुनिक समय में यह विशेष प्रतिष्ठा की बात मानी जाती है कि आपका घर, ऐसे स्थान पर हो, जहाँ से समुद्र दिखाई दे। (A sea-facing villa is a prestigious possession.)

- **जो मूल रूप से भार न सह सके और कमजोर क्षेत्र हैं:** जैसे–हिमाचल प्रदेश, उत्तराखंड आदि में रास्ता बनाने, पुल या घर बनाने जैसे निर्माण कार्य हुए हैं। वहाँ प्रतिवर्ष भूमि सरक जाने (भू-स्खलन) से हजारों के जान-माल का नुकसान होता है।

- वायुमंडल को प्राणदायी ऑक्सीजन देने वाले तथा पर्यावरण को प्रदूषित करने वाली कार्बन डाइ ऑक्साइड गैस को अपने में सोखकर, उससे उपयोगी भोजन तैयार करने वाले, बाढ़ के समय माटी के बहाव को रोकने वाले वनों को, हम शहरीय जमीन और खेती के लिए नष्ट करते जा रहे हैं।

> **सन् 2000 से अब तक, विश्व की 10% वन संपत्ति नष्ट की जा चुकी है।**

- प्रकृति की स्वच्छता व्यवस्था अद्वितीय है, वह चाहे उसके द्वारा निर्मित वनस्पति जगत की हो या प्राणिजगत की उनके पुराने होने अथवा मृत होने पर, वह उन्हें स्वयं में वापिस ग्रहण कर लेती है, समाहित (absorb) कर लेती है। इतना ही नहीं, बल्कि उसे पुनः उपयोग में लेने लायक खाद (Fertiliser) में बदल देती है, जो कि भूमि का पोषण बनकर उसे और अधिक उपजाऊ बनाते हैं।

इस अद्वितीय व्यवस्था में, आधुनिक समय में भारी दखल दी गई है। प्रकृति से उत्पन्न वस्तुओं को ठुकरा दिया गया है और मनुष्य के द्वारा निर्मित चीजें उपयोग में ली गई हैं, जैसे– जूट (Jute), रेशम (Silk), लोहा, रबर, लकड़ी से बनी विभिन्न चीजें, जैसे–सूती व सिल्क के कपड़े, जूट से बनी रस्सी, बोरे, पायदान, बैग आदि। इनके स्थान पर प्लास्टिक, नाइलॉन, डैक्रोन, टेरीलीन आदि सिंथेटिक तथा लोहे के पाइप के स्थान पर पी.वी.सी. पाइप उपयोग में आ रहे हैं।

मनुष्य द्वारा निर्मित इन सब कृत्रिम सामग्रियों को पुरानी हो जाने पर जब फेंक दिया जाता है तो प्रकृति इन्हें ग्रहण नहीं करती।

इसी प्रकार तमाम आधुनिक इलेक्ट्रॉनिक उपकरण, जैसे–मोबाइल फोन, कम्प्यूटर, लैपटॉप इत्यादि, इनका कूड़ा भी प्रकृति (माटी) में समाहित नहीं हो पाता। ये सब हानिकारक कूड़े के रूप में, धरती, समुद्र, नदियाँ सभी को प्रदूषित कर रहे हैं।

मनुष्य को स्वयं के संरक्षण के लिए तथा भावी पीढ़ी की सुरक्षा के लिए गंभीर रूप से प्राकृतिक नियमों को, प्रकृति की व्यवस्थाओं को समझना होगा, उनका कड़ाई से पालन करना होगा। मनुष्य यह न भूले कि–

> **प्रकृति अत्यंत शक्तिशाली है,**
> **जो भी प्रजाति उसके विरुद्ध आचरण**
> **करती है, उसका विनाश हो जाता है।**

प्रकृति ने अपनी नाराजगी जाहिर करने के लिए विश्व को चेतावनी देनी शुरू कर दी है, "मौसम में बदलाव" (Climate Change) के रूप में।

प्रकृति की नाराजगी

शक्तिशाली प्रकृति का क्रोध, देशों की भौगोलिक सीमाएँ नहीं जानता और न ही वह जानता है गरीब व अमीर देशों का भेद। उदाहरण-

प्रभावित देश व दुर्घटनाएँ

नॉर्थ अमेरिका: वर्ष 2005 में चक्रवाती तूफान "कैट्रीना" लुइजियाना एवं मिसिसिपी क्षेत्र में भारी तबाही व जान-माल का नुकसान करने वाला, देश के इतिहास में सबसे प्रचंड तूफान। विश्व का सबसे धनवान देश, सबसे शक्तिशाली देश स्वयं की रक्षा न कर पाया।

साउथ अमेरिका:

- उग्र, तेज आँधी और तूफान – "स्टैन" 2000 लोगों की मृत्यु व भारी तबाही।

- तेज आँधी और तूफान "व्हिल्मा" द्वारा मेक्सिको और यूकॉलान क्षेत्रों में भारी विनाश।

- इसी तूफान ने आगे बढ़कर "फ्लोरिडा" क्षेत्र में भारी तबाही मचाई।

यूरोप: ऑस्ट्रिया – 'आल्पस पर्वत' बढ़ते हुए तापमान की गिरफ्त में (पिछले 3000 वर्षों में प्रथम बार)।

ग्रीष्म काल में, बर्फ पर सरकने (Skiing) का आनंद लेने आए हुए, सैलानियों को बर्फ की जगह हरी-भरी घास से ढके हुए मैदान मिले।

सन् 2003 – गर्म हवा की आँधी ने 30,000 से अधिक लोगों की जान ली।

स्पेन: वर्ष 2006, स्थान – 'दक्षिण कोस्टा रिका'

घटना – यहाँ के होटल मालिकों द्वारा रेत लेकर आने की दरखास्तों का ताँता लग गया। वह इसलिए हुआ कि प्राकृतिक समुद्री तट डूब चुका था, समुद्र का जल स्तर बढ़ जाने के कारण। उन्हें अपने आने वाले टूरिस्ट सैलानियों के लिए, "कृत्रिम समुद्री तट" बनाना जरूरी था।

"ग्लोबल वार्मिंग" के कारण, स्पेन का समुद्री तट 2.5 मिलीमीटर की रफ्तार से प्रतिवर्ष डूब रहा है।

"मेडेटेरैनियन सागर" के किनारे के समुद्री तट वर्ष 2050 तक 15 मीटर कम हो जाएंगे।

अफ्रीका: यूथोपिया तथा केन्या – कभी सूखा की स्थिति से तो कभी अनियंत्रित वर्षा एवं बाढ़ से घिरे होते रहे हैं, अन्न की भारी कमी, भूख और कुपोषण की मार सहते रहे हैं।

चीन: वर्ष 2005, जून का महीना, अनियंत्रित बाढ़ का विनाशकारी तांडव देखा। लाखों लोगों ने जान-माल की तबाही झेली। वर्ष के अंत में "प्रचंड तूफान" (Typhoon) द्वारा की गई तबाही झेली।

भारत: वर्ष 2005, घनघोर वर्षा ने पिछले 95 का रिकॉर्ड तोड़ा। इस विकराल वर्षा ने, चौबीस घंटों में 1500 लोगों की जान ले ली।

बांग्लादेश: आधा प्रदेश बाढ़ की चपेट में डूबा।

श्रीलंका: यहाँ का मुख्य भोजन चावल है। धान की खेती पर 1.8 मिलियन लोगों की जीविका निर्भर करती है। बढ़े हुए तापमान से हो रही भारी वर्षा और बाढ़ के कारण किसान धान की खेती नहीं कर सके। जिससे चावल उपलब्ध नहीं हो सका।

दक्षिण एशिया: वर्ष 2005–

- गर्म तेज हवाओं के कारण 500 लोगों की मौत।
- 'सूखा'– पानी की कमी के कारण, केवल अकेले थाइलैंड में 9 मिलियन लोग प्रभावित हुए।

(वहाँ की "कृषि व्यवस्था पर आधारित अर्थव्यवस्था" समिति की रिपोर्ट के अनुसार)

ऑस्ट्रेलिया: "सूखा" से 35% अर्थव्यवस्था तबाह हुई जो अन्न पर आधारित थी।

विश्व ने 10 मिलियन अमेरिकन डॉलर से अधिक की आर्थिक हानि झेली (वर्ष 2005 में)।

21वीं सदी की सबसे विकराल, विनाशकारी समस्या "ग्लोबल वार्मिंग" एवं मौसमों में आए बदलाव से अंत में विश्व को नतमस्तक हो शक्तिशाली प्रकृति से ही सहायता मांगनी पड़ रही है–

सूर्य से – सूर्य ऊर्जा (Solar Energy)

वायु से – वायु ऊर्जा (Wind Energy)

समुद्र से – जल ऊर्जा (Tidal Energy)

उसके वनों से, अधिकाधिक वृक्षारोपण करते हुए कार्बन भार कम करने में योगदान।

आधुनिकतम टेक्नोलॉजी व विज्ञान के शिखर पर पहुँचा हुआ ये विश्व आज शक्तिशाली प्रकृति के आगे नतमस्तक है।

हमारी निर्माण प्रणाली

"प्रकृति का प्रत्येक घटक – पेड़-पौधे, वन, हवा, पानी, वर्षा, सूर्य प्रकाश आदि सभी हमारे जीवन के आधार हैं। मनुष्य प्रकृति का ही अभिन्न अंग है।" हमारे पूर्वज इस शाश्वत सत्य को जानते और मानते थे। अपनी जीवन शैली एवं 'निर्माण प्रणाली' में अपनाते थे। यह प्रकृति के साथ सहअस्तित्व और सहजीवन की प्रणाली थी, जिसमें 'प्रकृति और मनुष्य' दोनों लाभान्वित होते थे।

इस निर्माण प्रणाली की विशेषता थी–

- स्थानीय आवश्यकता के अनुसार,
- स्थानीय सामग्री का उपयोग करते हुए,
- प्रकृति की व्यवस्था में बगैर बाधा पहुँचाते हुए।

भारत प्रकृति के अनेक रंग रूपों वाला देश है–

- उत्तर में बर्फीला उत्तराखंड, हिमाचल और कश्मीर
- पश्चिमी मध्य भाग – गर्म, रेतीला राजस्थान
- देश का पूर्वीय भाग – मेघों का घर मेघालय

चलिए, हम इसी क्षेत्र से जो कि विश्व का सबसे अधिक वर्षा वाला क्षेत्र है प्रारंभ करते हैं। आपने 'चेरापूँजी' का नाम तो सुना होगा, यहाँ 2000 एम एम तक वर्षा होती है। गारो और खासी पर्वतीय क्षेत्र के लोग किस प्रकार प्रकृति से तालमेल बिठाते हुए, नदी-नाले पार करके एक स्थान से दूसरे स्थान आना जाना बनाए रखते हैं, इसका

उदाहरण स्थानीय आवश्यकतानुसार स्थानीय सामग्री से बनाए गए निर्माण – "जीवंत जड़ों वाले पुल" (The Living Root Bridges) प्रस्तुत करते हैं।

आइए यह जानें कि यह पुल कैसे तैयार किए जाते हैं। आदिवासियों द्वारा नाले अथवा छोटी नदियों के दोनों किनारों पर 'रबर फिग' के पौधे लगाए जाते हैं। इन पौधों को शुरू से ही, बाँस के डंडे के सहारे इस प्रकार बड़ा किया जाता है कि जड़ों की शाखाएँ आपस में गुँथी हुई रहें। कुछ वर्षों में जब वे मजबूत और बड़ी हो जाती हैं तब एक पुल बनकर तैयार हो जाता है।

यह ब्रिज 50 व्यक्तियों का भार सहन कर सकता है और इसकी उम्र 150 वर्षों की होती है। इसकी देखभाल की जिम्मेदारी पूरे समुदाय (Community) की होती है, न कि केवल एक व्यक्ति की। वर्षा ऋतु में आदिवासी इन्हीं पुलों से नाले पार करते हैं।

अमेरिका से आए "ब्रिज विशेषज्ञों" ने अपने परीक्षण में इन्हें अन्य ब्रिजों की तुलना में बेहतर पाया है। बिना प्रकृति को हानि पहुँचाए बनाए गए ये पुल पर्यावरण के भी अनुकूल हैं और बिना लागत के तैयार किए गए हैं।

इसी प्रकार एक दूसरा उदाहरण, जो कि स्थानीय आवश्यकता के लिए, स्थानीय सामग्री से बिना लागत के है, वह है दक्षिण बिहार की निर्माण प्रणाली अहर पेयनीस (Ahar Paynes)।

बिहार में "बाढ़" एक बड़ी समस्या है। दक्षिण बिहार में, बाढ़ से आने वाले पानी को, तीन तरफ से, बाँध बाँधकर घेर दिया जाता है। इससे बाढ़ से होने वाली जान-माल की हानि को रोका जाता है और बाद में, सूखे मौसम में इसी पानी से 'धान' की (जो कि अधिक पानी मांगती है) उत्तम खेती की जाती है।

अब चलिए हम वर्षा और बाढ़ वाले क्षेत्रों के बाद गर्म, रेतीले राजस्थान चलते हैं और वहाँ की "स्थानीय निर्माण पद्धति" (Indegenous Construction Technology) की जानकारी हासिल करते हैं। ये हैं वहाँ के "सीढ़ीदार कुएँ" जिन्हें 'बावली' के नाम से भी जाना जाता है।

ये पत्थर की मजबूत दीवार के बने होते हैं जो कि नीचे पानी के स्रोत (Ground Water) तक जाते हैं। पानी लेने के लिए नीचे जाने और वापस ऊपर आने के लिए सीढ़ियाँ बनी होती हैं। ये दो या तीन मंजिला होते हैं।

अब हम इनकी विशेष प्रशंसनीय निर्माण प्रणाली (Construction Technology) पर आते हैं, जो इन्हें केवल जल-पूर्ति के साधन ही नहीं, बल्कि राजस्थान की गर्म तेज धूप के समय ठंडे 'वातानुकूल विश्राम गृह' (Air-conditioned Resting Places, A.C. Rooms) भी बना देती है। इनके निर्माण में आसपास की जमीन खोदकर, वहाँ दो या तीन मंजिलों पर बड़े-बड़े विश्राम गृह बना दिए जाते हैं। जैसे-जैसे हम बावली में उतरते हैं, वैसे-वैसे ठंडक महसूस होने लगती है। इनमें आने जाने के लिए सीढ़ियाँ बनी हुई होती हैं, वे ही सीढ़ियाँ बावली में उतरने और ऊपर आने के लिए उपयोग में ली जाती हैं।

इन विश्राम गृहों की दीवारों और खंभों पर कुशल शिल्पकारों द्वारा दर्शनीय कलाकृतियाँ बनाई गई हैं। इनमें से कुछ को यूनेस्को द्वारा "कलाकृति की विश्व धरोहर" घोषित किया गया है।

राजस्थान की "चाँद बावली" सबसे अधिक गहरी है, उसमें 3500 सीढ़ियाँ हैं और वह तेरह-मंजिला है जहाँ न्यूनतम वर्षा होती है और वह भी बहुत कम समय के लिए। ऐसी परिस्थिति में पानी की एक-एक बूँद को बहुमूल्य मानते हुए–

> जल संग्रह (Water Harvesting) की यह स्थानीय परिस्थितियों के अनुरूप, निर्माण कार्य का बेमिसाल उदाहरण है। रेगिस्तान में जल के वाष्पीकरण (Evaporation) को रोकने और ठंडा रखने की।

प्राचीनतम सदियों के उत्तम निर्माण कार्य की झलक प्रस्तुत करते हैं, गुजरात के धोलावीरा तथा सिन्धु नदी क्षेत्र में स्थित 'मोहनजोदड़ो'। ये भवन निर्माण, अत्यंत सुव्यवस्थित शहर निर्माण, प्रत्येक घर से गंदे पानी को एकत्र करते हुए उसे शहर के बाहर पहुँचाने की "जल निकासी व्यवस्था" (Drainage System) आधुनिकतम समय में भी अनुकरणीय है। यूनेस्को द्वारा धोलावीरा को भवन तथा संपूर्ण शहरीय निर्माण कार्य की विश्व धरोहर घोषित किया गया है।

जिसे हम आधुनिक निर्माण प्रणाली कहते हैं (Modern Construction Technology) वह पश्चिमी देशों से आई है जो अपने को "पूर्ण विकसित" (Fully developed) मानते हैं। यह टेक्नोलॉजी बड़ी कीमत मांगती है– बड़ी धनराशि, बड़ी तादाद में प्रकृति से ली गई सामग्री, इतना ही नहीं वह प्रकृति की सुचारु व्यवस्था में बाधा भी पहुँचाती है जो स्वयं मनुष्य व अन्य प्राणियों के लिए हानिकारक साबित हो रही है। इसके ज्वलंत उदाहरण हैं–

हिमालयी क्षेत्रों में, जहाँ की भूमि अधिक भार नहीं सह सकती, ऐसे संवेदनशील क्षेत्र में वर्तमान में अधिकाधिक निर्माण कार्य हुए हैं। परिणाम, आए दिन हम जोशीमठ के घरों, सड़कों में आई हुई दरारों व भू-स्खलन के समाचार पढ़ रहे हैं। अब यही दुर्घटनाएँ कर्णप्रयाग में भी हो रही हैं। चार धाम जाने की सड़कें भी अब दरारें पड़ जाने और कहीं भूमि सरक जाने के कारण यातायात के लिए अनुपयुक्त हो चुकी हैं।

गलत निर्माण स्थल चुनने का दूसरा उदाहरण है बम्बई का मैंग्रोव (Mangrove Forest) वाला समुद्री किनारा जहाँ सड़कें, ट्रांसमिशन लाइनें तथा माल ढोने के लिए मार्ग (Freight Corridor) बनाए गए हैं। मैंग्रोव के ये जंगल जो इस प्रकार के निर्माण द्वारा नष्ट कर दिए गए, वे बाढ़ व समुद्री तूफान से बचाने की प्रकृति की अमूल्य व्यवस्था है।

सन् 1990 में हिमाचल प्रदेश और शिमला तथा सिमरौली क्षेत्र में, कई मंजिला आवास गृह निर्मित किए गए। इसके लिए, मीलों के देवदार वृक्षों के जंगल नष्ट कर दिए गए। आज शिमला के ऊपरी भाग में एक गहरी लंबी दरार आ चुकी है और अधिक भू-भाग के सरकने के हालात बन गए हैं।

ये प्रकृति की ओर से चेतावनी के रूप में स्पष्ट संकेत हैं कि यदि निर्माण हेतु उपयुक्त स्थान का चयन नहीं किया गया तो परिणाम विनाशकारी होंगे।

पश्चिमी देशों की "विकासशील" कहलाने की परिभाषा में चार समानांतर पक्की डामरीकरण वाली सड़कें (Four lane parallel roadways) एक आवश्यक प्रतीक माना जाता है और हमने भी पूर्ण विकसित कहलाए जाने हेतु इनके निर्माण को अपना लिया है, बिना विचार किए कि प्रकृति को इनकी क्या कीमत चुकानी पड़ेगी। मीलों तक जंगल कट गए, वहाँ के वन्य प्राणी समाप्त हो गए, पर्यावरण में बड़े पैमाने पर अस्थिरता आ गई।

उपरोक्त उदाहरण हैं निर्माण हेतु 'उपयुक्त स्थान' न चुनने के। अब हम उपयुक्त निर्माण सामग्री न चुनने के मसले पर विचार करें। प्राचीन भारत में 80% लोग ग्रामों में निवास करते थे और उनके घर प्रकृति से ली गई सामग्री, माटी, पत्थर लकड़ी से बने होते थे, जो गर्मी में ठंडे और सर्दी में भीतर से गरम रहते थे। किन्तु अब निर्माण कार्य में

सीमेंट, टिन तथा काँच उपयोग में लिए जाते हैं। 'ग्लोबल वार्मिंग' के कारण जब मौसमों में विनाशकारी बदलाव हो रहे हैं, तब गर्म तेज हवाओं के चलते या भूकम्प की स्थिति में टूटे धारदार काँच के टुकड़े, तेज हवा में उड़ती टिन-शीट बहुत बड़ी संख्या में लोगों की मृत्यु का कारण बन सकती है।

अत: यह जरूरी नहीं कि जब हम (Climate Resilient Technology) परिवर्तित परिस्थिति में संभलने लायक लचीलापन रखने वाली टेक्नोलॉजी की बात करें तो 'पश्चिम' से प्रभावित हों, बल्कि इसके लिए हमें स्थानीय निर्माण प्रणाली के सिद्धांतों को अपनाना होगा जो उसे (Sustainable) स्थायी तथा (Eco-friendly) पर्यावरण के अनुकूल रखते हैं।

हमारी चिकित्सा प्रणाली

आज हम विज्ञान के उस युग में हैं, जो हर क्षेत्र में वास्तविकताओं की सूक्ष्म से सूक्ष्म जानकारी हासिल कर रहा है। मानव शरीर के विषय में आज शरीर की सूक्ष्मतम इकाई कोशिका किस प्रकार कार्य करती है, उसे कितनी ऑक्सीजन की व पोषक तत्त्वों (Nutrition) की आवश्यकता होती है, कार्य हो जाने पर जो अनावश्यक तत्त्व, जैसे—कार्बन डाइ ऑक्साइड आदि कैसे व किसके द्वारा हटाया जाता है आदि। इसी प्रकार हर सिस्टम की विस्तृत जानकारी हासिल कर ली गई है और प्रत्येक के अलग-अलग विशेषज्ञ डॉक्टर भी उपलब्ध हैं। यह आम बात है कि किसी बड़े अस्पताल में जाइए तो वहाँ हृदय रोग स्पेशलिस्ट (Cardiologist), नेत्र विशेषज्ञ (Opthalmologist), कान-नाक-गला के विशेषज्ञ (E.N.T. Specialist), चर्म रोग विशेषज्ञ (Skin Specialist), हड्डियों के विशेषज्ञ, स्त्री रोग विशेषज्ञ, पाचन तंत्र विशेषज्ञ (Gastroenterologist) Urologist आदि होंगे और मनोविज्ञान के लिए साइकोलोजिस्ट (Psychologist) होंगे। आपको जैसी तकलीफ है उस अनुसार विशेषज्ञ के पास जाना होगा।

एक अहम सवाल यह उठता है कि क्या प्रकृति द्वारा सदियों की मेहनत से तैयार की गई एक कोषीय जीव (a single cell organism) से लेकर एक श्रेष्ठ कलाकृति के रूप में उभरा या निर्मित हुआ 'मानव' महज एक अस्थि-रक्त और मांसपेशियों से बना, "एक स्थूल शरीर मात्र भर है।''

भारत का आरोग्य शास्त्र यह मानता आया है कि मनुष्य शरीर, मन, मस्तिष्क और आत्मा है (Body, Mind and Soul)। मस्तिष्क में विचार (thoughts), भावनाएँ (feelings), उद्वेग (Excitement) आदि होते हैं जो शरीर को प्रभावित करते हैं। अतः इलाज के समय, रोग के मूल कारणों को जानने, रोग की मूल तह तक पहुँचने के लिए, मानसिक सोच, चिंता, आक्रोश, ईर्ष्या आदि का शरीर पर पड़ने वाला प्रभाव भी शामिल करना होगा। व्यक्ति की प्रवृत्ति (tendency) वासना भी शरीर के स्वास्थ्य को प्रभावित करती है। इसका ठोस प्रमाण योगाचार्य श्री साधगुरु की "Mind is your business" पुस्तक में दिए गए उदाहरणों से प्राप्त होता है। वे केस, जिन्हें पिछले बीस वर्षों से 'दमा' (Asthma) था, लोग योगिक क्लास और चर्चाओं में शामिल हुए और उनकी बीमारी समाप्त हो गई, केवल अपना एक दृष्टिकोण बदल लेने से। जब उन्हें समझाया गया कि इतने वर्षों से यह बीमारी आप स्वयं पाले हुए थे, तो उन्होंने कहा, "यह कैसे हो सकता है, भला हम क्यों स्वयं के लिए 'बीमारी' तैयार करेंगे?" यह बात उन्हें तब स्पष्ट हुई जब उन्होंने योगिक कार्यक्रमों, ध्यान, मनन चिंतन द्वारा, अपनी वर्षों की "ईर्ष्या" और "नाराजी" त्यागी, अपना दृष्टिकोण बदला तो "दमा" से भी छुटकारा मिल गया।

इसी प्रकार व्यक्ति की प्रवृत्तियाँ (Tendency) "वासनाएं" उसी ओर आकर्षित करती हैं जहाँ ऐसी ही समान प्रवृत्तियाँ मौजूद हों। ये भी गहराई से व्यक्ति पर प्रभाव डालती हैं और कुछ विशिष्ट बीमारियों को जन्म देती हैं।

हमारी प्राचीन परम्परागत चिकित्सा प्रणाली बीमार को "संपूर्ण व्यक्ति" के रूप में देखती और समझती आई है और उसका इलाज, इसी के अनुरूप होता रहा है न कि केवल एक अंग विशेष पर ध्यान केंद्रित करके। हर व्यक्ति प्रकृति के पाँच तत्त्वों से बना है, हवा, पानी, अग्नि,

भूमि, एवं आकाश, जब तक इन तत्त्वों का संतुलन बना रहता है, व्यक्ति स्वस्थ रहता है। जब यह संतुलन अत्यधिक चिंता, तनाव, थकावट, ऊर्जा की कमी, व्यायाम का अभाव इत्यादि के कारण बिगड़ जाता है तो यह असंतुलन की अवस्था उसे अस्वस्थ कर देती है।

परम्परागत चिकित्सा शैली में – शरीर की क्रिया शैली (Physiological working), मानसिक सोच व प्रतिक्रिया (Psychological) और उसकी प्रवृत्तियाँ (Tendency) आदि पर ध्यान देते हुए उपचार किया जाता था। एक प्रकार से यह जीव विज्ञान और स्वस्थ जीवन कला (Life Science and art of healthy living) बन जाता था।

इस चिकित्सा प्रणाली के अंग होते थे–

(i) सही भोजन

(ii) पर्याप्त व्यायाम

(iii) योगाभ्यास

विशेषकर श्वास संबंधी (Breathing exercises), सही सोच, जीवन शैली में आवश्यकतानुसार परिवर्तन और रोगग्रस्त अंग का इलाज।

औषधियाँ वन-वनस्पति से ली जाती थीं इस ठोस विश्वास पर कि मनुष्य शरीर, प्रकृति का ही अंग है, उससे भिन्न नहीं, अत: शरीर द्वारा ये औषधियाँ, बिना कोई विपरीत प्रतिक्रिया के अपना ली जाती हैं। चिकित्सक बनने वाले विद्यार्थियों को शिक्षा भी उसी प्रकार की दी जाती थी। इसका एक उदाहरण यह प्राचीन कहानी प्रस्तुत करती है।

"तक्षशिला" चिकित्सा शिक्षा का विश्व प्रसिद्ध केन्द्र था। यह घटना वहीं की है। पढ़ाई का सत्र समाप्त हो चुका था, केवल अंतिम परीक्षा शेष थी। गुरु ने समस्त विद्यार्थियों को बुलाकर आदेश दिया कि वे

समीप के जंगल में जाएं और जिन पेड़ों में किसी रोग की औषधि हो, उसकी पत्तियाँ ले आएँ। विद्यार्थी आदेश पाकर अपने कार्य पर जंगल चले गए। कुछ समय के बाद, पारी पारी से सभी विद्यार्थी लौट आए, शाम होने को आई किन्तु एक विद्यार्थी न लौटा। यह वह था जो क्लास में हमेशा प्रथम स्थान पर रहता था। गुरु को आश्चर्य और चिंता दोनों हुए कि ऐसा कुशाग्र विद्यार्थी सबसे पीछे कैसे रह गया! दिन ढले संध्या के धुंधले प्रकाश में उन्होंने उसे लौटते हुए देखा, पीछे-पीछे एक बैलगाड़ी थी। समीप आने पर गुरु ने उसके विलंब का कारण पूछा, उस विद्यार्थी ने क्षमा मांगते हुए कहा, "गुरुदेव विलंब इसलिए हुआ कि मैंने जिस पेड़ को देखा, उसमें किसी न किसी रोग की दवा अवश्य पाई तो मैं किसे छोड़ता और किसे लाता! इसलिए मैंने सभी की डालियाँ एकत्रित कीं। उन सबको इस बैलगाड़ी में भरकर साथ लाया हूँ, आपके निरीक्षण के लिए। गुरु ने निरीक्षण किया और उसे परीक्षा के नतीजे में प्रथम स्थान दिया।

सूचनाः "स्थानीय वनस्पति में मौजूद तथा उनका स्थानीय औषधियों में उपयोग" इस दिशा में अनुसंधान (Research) हेतु विश्व स्वास्थ्य संगठन (WHO) एवं भारत सरकार द्वारा निर्णय लिया गया है कि गुजरात में रिसर्च केन्द्र स्थापित किया जाएगा।

विज्ञान द्वारा स्वयं इनकी गुणवत्ता साबित की जाएगी।

यहाँ उन तमाम पश्चिमी वैज्ञानिकों के प्रति आभार व्यक्त करना आवश्यक है जिन्होंने सूक्ष्म कीटाणुओं (माइक्रोऑर्गेनिज्म) तथा बैक्टीरिया आदि को खोजा जिनके कारण पहले जो कुशल से कुशल सर्जन के द्वारा किए गए ऑपरेशन भी घाव में पीप पड़ जाने के कारण विफल हो जाते थे और रोगी की मृत्यु हो जाती थी। इन आविष्कारों के आधार पर ही प्रभावी कीटाणुनाशक एन्टीसेप्टिक तैयार किए जा सके।

पूरा विश्व आभारी है उन वैज्ञानिकों का जिन्होंने वैक्सीन की खोज की और जानलेवा महामारी हैजा, प्लेग, स्मालपॉक्स आदि से टीकाकरण द्वारा रक्षा करने का वरदान दिया। इन्हीं वैज्ञानिकों के कारण आज विश्व के बच्चों को इन तमाम जानलेवा बीमारियों तथा पोलियो, टिटनेस, हिपेटाइटिस आदि को टीकाकरण द्वारा संरक्षण प्राप्त है।

रोग की पहचान करने (Investigation and diagnosis) के नित नए, आसान एवं प्रभावी तरीकों का आविष्कार हो रहे हैं। न केवल रोगी बल्कि समूचे शरीर को स्पष्ट रूप से देखा जा सकता है। रोग किस स्टेज पर है, रोगी अंग को कितनी हानि पहुँच चुकी है यह स्पष्ट रूप से देखा और जाना जा सकता है। इसी प्रकार सर्जरी (शल्य क्रिया) में हुए आधुनिक आविष्कारों ने उसे अधिक आसान कर दिया है, जैसे–लेप्रोस्कोपिक सर्जरी जिसमें शरीर के कम से कम भाग को काटे या छेड़े बगैर सर्जरी की जा सकती है।

किन्तु जहाँ तक औषधियों का सवाल है, वे रासायनिक हैं, केमिकल हैं और इनकी शरीर में अन्य प्रतिक्रियाएँ भी होती हैं जो शरीर के लिए हानिकारक हो सकती हैं। इसलिए हर दवा के साथ उसके (Side reactions) यानी विपरीत प्रभावों का जिक्र किया जाता है। किसी रोगी की तासीर के अनुकूल ये माफिक होती हैं और किसी के नहीं। कुछ औषधियाँ, जैसे– "पेनीसिलीन ग्रुप" ये कुछ अरसे के बाद बेअसर हो जाती हैं क्योंकि इनके प्रति शरीर में resistance पैदा हो जाता है। कुछ औषधियों की लत या आदत पड़ जाती है, जैसे– Morphine group या अफीम ग्रुप। इसी शृंखला में स्टीरॉइड (Steroid group) भी आते हैं जो स्पष्ट रूप से वर्जित हैं।

उपरोक्त वास्तविकताओं को मद्देनजर रखते हुए यह निर्णय लेना उचित होगा कि प्रकृति से ली गई हर सामग्री वन्य-वनस्पति, फूल-पत्ती, फल, जड़ें सभी औषधि के रूप में, शरीर के अनुकूल हैं क्योंकि मनुष्य शरीर स्वयं भी उन्हीं तत्त्वों से बना है जिनसे प्रकृति बनी है। हमारी परम्परागत चिकित्सा प्रणाली इन्हीं मूल तथ्यों पर आधारित है।

Drug-resistant typhoid bacteria cause concern

DurgeshNandan.Jha
@timesgroup.com

New Delhi: A study of Salmonella Typhi, the bacteria that causes typhoid fever, has confirmed a concern that doctors in India had been raising for long — the typhoid-causing bacteria have become resistant to essential antibiotics.

The study, published in The Lancet Microbe, is based on the genome sequencing on 3,489 S. Typhi isolates obtained from blood samples collected between 2014 and 2019 from people with typhoid fever in India, Bangladesh, Nepal and Pakistan.

A collection of 4,169 S. Typhi samples from more than 70 countries isolated between 1905 and 2018 was also sequenced and included in the analysis. The analysis shows resistant S. Typhi strains have spread between countries at least 197 times since 1990. While these strains most often occurred within south Asia and from south Asia to southeast Asia, east and southern Africa, they have also been reported in the UK, US and Canada.

Lead author Dr Jason Andrews of Stanford University, US, said, "The speed at which highly-resistant strains of S. Typhi have emerged and spread in recent years highlights the need to urgently expand prevention measures, particularly in countries at greatest risk. At the same time, the fact resistant strains of S. Typhi have spread internationally so many times, underscoring the need to view typhoid control and antibiotic resistance more generally as a global rather than local problem."

Antibiotics can be used to treat typhoid fever infections, but their effectiveness is threatened by the emergence of resistant S. Typhi strains. "While most typhoid cases could earlier be managed with oral antibiotics called quinolones, we now have to use injectable drugs, that too for a longer duration. Otherwise, there is relapse," said Dr Surunjit Chatterjee, senior consultant, internal medicine, Indraprastha Apollo Hospitals.

THE TIMES OF INDIA, NEW DELHI / GURGAON
SATURDAY, JUNE 25, 2022

हमारी कृषि प्रणाली

भारत प्राचीन काल (निगत 5000 वर्षों से) एक कृषि प्रधान देश रहा है। इतनी सदियों खेती करने के बाद भी, हमारे पूर्वजों ने हमें उपजाऊ, उर्वरक भूमि सौंपी है। (Sustainable Agriculture) टिकाऊ कृषि प्रणाली की इससे बड़ी मिसाल और क्या हो सकती है।

आधुनिक समय में, अब विश्व sustainable के शब्द से परिचित हुआ है, इसकी आवश्यकता और महत्व को समझ रहा है। आइए हम भी इस पर विचार करें। हर पीढ़ी का यह नितांत आवश्यक दायित्व है कि वह प्रकृति के समस्त संसाधनों का, जैसे–जल, भूमि, वायु, वन आदि का यह ध्यान रखते हुए उपयोग करे कि भावी पीढ़ी के लिए भी ये तमाम संसाधन एक बेहतर, स्वस्थ जीवन जी सकने के लिए पर्याप्त मात्रा में उपलब्ध रहें। Sustainable के अंतर्गत यह भी आवश्यक माना गया है कि प्रकृति के ये संसाधन दूषित न किए जाएँ, जैसे–नदियों का जल प्रदूषण, वायुमंडल का प्रदूषण, भूमि प्रदूषण आदि।

17वीं और 18वीं सदी में Nature Science प्रकृति संबंधित ज्ञान कृषि संबंधी ज्ञान, भूमि के प्रकार, अन्न के, कपास के, फलों के प्रकार, किस प्रकार के कपास के लिए कौन-सी भूमि उपयुक्त होगी। इसी प्रकार किस प्रकार के अनाज (गेहूँ, चावल, दालें) के लिए किस प्रकार की भूमि उपयुक्त होगी, फलों की जानकारी Horticulture इनमें से प्रत्येक प्रकार की खेती के लिए कितना पानी आवश्यक होगा, यहाँ तक कि कितने कामगीरों (Labour) की आवश्यकता होगी इन सबका विस्तृत ज्ञान हस्तलिखित ग्रंथों (Manuscripts) के रूप में विभिन्न राज्यों

की लाइब्रेरी में संकलित था। इनमें से विशेष रूप से सुप्रसिद्ध थीं मैसूर स्टेट में, टीपू सुल्तान के राज्य काल में संकलित की गई हस्तलिपियों की विशाल लाइब्रेरी, अवध राज्य की राजधानी लखनऊ की लाइब्रेरी अकबर के समय में संस्कृत भाषा से अरबी व फारसी में अनुवादित हस्तलिपियों का भंडार (28,000) मौजूद था बनारस भी ज्ञानकेन्द्र के रूप में सुप्रसिद्ध था।

जिनके पास अधिक जमीन होती थी, उनके पास (Horticulture) के बारे में बड़ी विस्तृत जानकारी रहती थी। वे डायरी रखा करते थे जिसमें प्लांटिंग, ग्राफ्टिंग, विभिन्न फलों के पकने, सिंचाई व्यवस्था, जैसे– Persion wheel रहट आदि के बारे में तथा उनके द्वारा इन सबसे संबंधित क्या प्रयोग किए गए और उनके क्या परिणाम प्राप्त हुए यह सब दर्ज किया जाता था।

राजपूत स्टेट कोटा में उत्तम प्रकार के बीज, उत्तम नस्ल के जानवर (गाय, बैल आदि) बेहतर किस्म के हल-बखर संबंधित अनुसंधान कार्य होते थे और फिर यह जानकारी स्टेट द्वारा आयोजित मेलों में जनसाधारण को, उनकी बोलचाल की भाषा में सरल बनाकर उन्हें दी जाती थी।

मैसूर स्टेट में भी, कृषि में उत्तम सुधार लाने, सिंचाई व्यवस्था का विस्तार करने, जिनसे धन अर्जित हो, जैसे–चंदन, गन्ना, काली गोल मिर्च आदि उगाने के लिए राज्य की ओर से, प्रोत्साहन राशि दी जाती थी। स्थानीय, सरल भाषा में इन कार्यों से संबंधित जानकारी भी उपलब्ध कराई जाती थी।

ब्रिटिश साम्राज्य के विस्तार ने जैसे-जैसे इन राज्यों पर कब्जा किया, जैसे-अवध, मैसूर, कोटा आदि वहाँ के ये बहुमूल्य ज्ञान भंडार (लाइब्रेरी) ध्वस्त कर दिए गए तथा स्टेट की ओर से जो जानकारी व प्रोत्साहन राशि दी जाती थी वह भी बंद हो गई। ज्ञान और प्रगति के मार्ग अवरुद्ध होते चले गए।

जो भी बड़े-बुजुर्गों से कृषि संबंधी उनके अनुभवों पर आधारित ज्ञान, भावी पीढ़ी को मिला उसी पर आधारित कृषि चलती रही किन्तु फिर यह अधिकार भी छिन गया कि वे क्या बोएँ। अनाज के बदले उन्हें (Indigo) इन्डिगो बोने के लिए बाध्य किया गया क्योंकि 'इन्डिगो' ब्रिटिश शासकों के लिए व्यापार की वस्तु थी, धन कमाने का जरिया था। देश ने अन्न के अभाव में अकाल पर अकाल झेले लाखों की जानें गईं।

19वीं सदी में आजादी मिली, किन्तु हमारे पास अन्न की कमी थी, बाहरी देशों से बड़ी मात्रा में अन्न आयात (import) करना पड़ता था। हमने पश्चिमी देशों को उन्नत मानते हुए, उनके कृषि विशेषज्ञों से सलाह माँगी। उन्होंने हरित क्रांति (Green Revolution) अपनाने की सलाह दी। हरित क्रांति के लिए जो प्रमुख तरीके अपनाना जरूरी होता है, वे हैं–

(i) उत्तम किस्म के बीज,

(ii) रासायनिक खाद,

(iii) सिंचाई की भरपूर व्यवस्था आदि।

प्रयोग के लिए पंजाब का कृषि क्षेत्र चुना गया। ट्रैक्टर द्वारा जोताई कर जमीन को तैयार किया गया। भरपूर रासायनिक खाद डाली गई, उत्तम किस्म के हाइब्रिड बीज बोए गए। पंजाब नहरों द्वारा सिंचाई वाला क्षेत्र है जहाँ खेती के लिए भरपूर पानी उपलब्ध है। इन तमाम सुविधाओं के रहते अन्न उत्पादन कई गुणा अधिक हुआ। हरित क्रांति (Green Revolution) का प्रयोग पूर्णतया सफल रहा किन्तु फिर सवाल यह उठा कि देश के कितने भागों में सिंचाई व्यवस्था और पर्याप्त जल स्रोत उपलब्ध हैं?

फिर "पर्यावरण संरक्षण" के अध्ययन में जुटे हुए वैज्ञानिकों ने यह प्रमाण पेश किया कि अमेरिका जैसे धन-धान्य संपन्न एवं स्वयं को "पूर्ण विकसित" मानने वाले पश्चिमी देशों में संपूर्ण कृषि कार्य शुरू से आखिर तक अर्थात् ट्रैक्टर द्वारा जमीन तैयार करने, बीज बोने, फसल काटने, उनके अलग-अलग बंडल बनाने तथा उन्हें ट्रक में चढ़ाने आदि ये सभी कार्य मशीनों द्वारा ही किए जाते हैं। पेट्रोल व डीजल द्वारा चलित ये तमाम मशीनें कार्बनयुक्त धुआँ उगलती हैं, जो 'ग्लोबल वार्मिंग' की समस्या को और विकराल बनाने में मदद करता है।

जमीन की उर्वरकता को बढ़ाने के लिए रासायनिक खाद (Chemical fertiliser) का उपयोग करना उचित नहीं है, क्योंकि वह भूमि को बंजर बना देगा (Soil erosion) अतः ऑर्गेनिक खाद (Organic fertiliser) के उपयोग से भूमि की उर्वरकता बढ़ाना ही उचित है।

आज पश्चिमी देशों के वैज्ञानिक स्वयं ही रासायनिक खाद का उपयोग बंद करने और ऑर्गेनिक फार्मिंग को अपनाने की सलाह दे रहे हैं।

भारत की कृषि प्रणाली सदियों पुरानी है और आज भी वर्तमान पीढ़ी को उपजाऊ भूमि ही प्राप्त हुई है जिसकी निरंतरता पीढ़ी दर पीढ़ी बनी रहे ऐसी (sustainable) कृषि प्रणाली का इससे बड़ा प्रमाण और क्या हो सकता है। इसी संदर्भ में, सुप्रसिद्ध वैज्ञानिक डॉ. ए.पी.जे. अब्दुल कलाम की अपने देशवासियों को दी गई सारगर्भित सलाह याद आ रही है जो इस प्रकार है–

"We do not need everytime to borrow models from outside. Knocking at other's doors will not help us. The American, Japanese or Singaporean solutions will not work for us. Instead of importing theories and transplanting, concepts, we need to grow our own solutions. The trapped energies and suppressed initiatives need to be freed."

आवश्यकता इसकी है कि कृषि अनुसंधान में लगे हुए वैज्ञानिक हमारी इसी कृषि प्रणाली में और प्रभावकारी सुधार लाएँ, ताकि वह विश्व के अन्य देशों के लिए sustainable कृषि का एक अनुकरणीय उदाहरण बन सके।

एक अति विशिष्ट कृषि प्रणाली जिसका जिक्र किए बिना भारतीय कृषि प्रणाली का यह लेख अधूरा रह जाएगा, वह है केरल के कुट्टूनाड स्थित समुद्र तटीय क्षेत्र में धान की खेती। प्रकृति के साथ तालमेल रखते हुए कार्य करने का यह एक विशेष उदाहरण है। जिस जमीन में यह खेती की जाती है, वह समुद्री सतह से 4 से 10 फीट नीचे है, किन्तु इसके बावजूद इन्हें सबसे अधिक धान की उपज वाला क्षेत्र "Rice Bowl of Kerala" के नाम से जाना जाता है।

इस प्रणाली में गर्मियों नें समुद्र के खारे पानी को अंदर आने दिया जाता है और 'झींगा मछली' (Shrimp) के फार्म की तरह उपयोग में लिया जाता है। बाद में–

'मानसून' के आने पर यह क्षेत्र वर्षा के ताजे पानी से भर जाता है। यह पानी पहाड़ी नदियों द्वारा जो कि समुद्र की ओर तेजी से बहती आती है, लाया जाता है। इन दिनों समुद्री पानी को अंदर आने से रोक दिया जाता है और फिर यहाँ धान की खेती की जाती है।

यह प्रणाली सदियों पुरानी है। इस खेती को जिसे आज के समय में Bio-Saline Farming कहते हैं एफ.ए.ओ. FAO (Food and Agriculture Organisation) द्वारा–

'विश्व स्तरीय कृषि प्रणाली की धरोहर' घोषित किया गया है।

चिन्तन (भाग-1)

हमने क्या खोया, क्या पाया?
विज्ञान एवं टेक्नोलॉजी के युग में!

आधुनिक विज्ञान के द्वारा हम सब प्रकार के भौतिक पदार्थों (Matter), प्रत्येक जड़ (Inert) पदार्थ के विषय में संपूर्ण जानकारी प्राप्त कर चुके हैं। सौरमंडल के समस्त ग्रहों तथा तारों की स्थितियाँ और उनकी दूरी, उनके प्रभाव आदि की विस्तारपूर्वक जानकारी हासिल कर चुके हैं। भौतिक विज्ञान (Physics) की सहायता से प्रकाश, ध्वनि, ताप, विद्युत आदि समस्त प्राकृतिक शक्तियों का अध्ययन कर चुके हैं। उन्हें गणित के (Mathematical) फार्मूलों द्वारा व्यक्त भी किया जा सकता है, आँका जा सकता है, जाना जा सकता है, सिवाय मनुष्य के स्वयं के!

आज पृथ्वी के हर क्षेत्र की, हर वस्तु की जानकारी, विज्ञान की सहायता से हमें उपलब्ध है किन्तु हमारी स्वयं अपने बारे में अनभिज्ञता सबसे अधिक है हम स्वयं को सबसे कम जानते हैं।

आइए, हम साइंस व टेक्नोलॉजी की देन की चर्चा को आगे बढ़ाते हैं और देखते हैं कि हमने क्या पाया और क्या खोया। उदाहरण, उन देशों को लेते हैं जो साइंस और टेक्नोलॉजी के अग्रणी हैं, जैसे–अमेरिका। उनके आदि पूर्वज (Early ancestors) वे हर दृष्टि से, कई गुना अधिक ताकतवर व मजबूत थे। वे मीलों पैदल चल लेते थे, तेज दौड़ सकते थे, पहाड़ों पर चढ़ लेते थे, मौसम के उतार-चढ़ाव सह लेते थे।

प्रगति के नाम पर टेक्नोलॉजी अपनी देन लेकर आई, उसने कहा, "तुम क्यों चलोगे, तुम क्यों दौड़ोगे, अब कार है न! कार चलेगी, कार दौड़ेगी और दूरी तय करेगी और इस तरह से पैरों की मेहनत गई।

टेक्नोलॉजी ने कहा, "तुम क्यों सीढ़ियाँ चढ़ोगे अब "स्वचलित सीढ़ियाँ" (Escalators) हैं न! वे तुम्हें ऊपरी मंजिल पर पहुँचाएंगी। यदि उनसे भी न जाना हो तो "लिफ्ट" है न, वह तुम्हें लेकर ऊपर चढ़ेगी!

आदि पूर्वज खाने की ठोस चीजें जैसे (Nuts) अखरोट, बादाम आदि का बाहरी कड़ा छिलका, दाँतों तले दबाकर तोड़ लेते थे, किन्तु आज की पीढ़ी ने यह क्षमता खो दी है। कम उम्र में ही डेन्टिस्ट के पास जाना पड़ता है, क्योंकि वे नरम चीजें खाने के आदी हो चुके हैं, जैसे–पॉरिज, सूप, ब्रेड, केक, पकाया हुआ नरम मीट, पकाए गए Ready to eat, tinned beans, fish, fruits इत्यादि, जो दाँतों की कवायद कम से कम कराते हैं।

प्रकृति का यह अटल नियम है कि शरीर का जो भी भाग (अंग) काम में नहीं लिया जाएगा, वह धीरे–धीरे कमजोर होता जाएगा और अपनी क्षमता खो देगा।

अतः आने वाली पीढ़ियाँ और भी कमजोर हो जाएंगी।

पहले लोग सूर्य की रोशनी में पढ़ते-लिखते और अपने अन्य सभी कार्य करते थे। टेक्नोलॉजी ने कहा, "तुम्हें कार्य करने के लिए अब समय सीमा बांधने की कोई जरूरत नहीं, अब बिजली की रोशनी है न, जिससे तुम्हारे घर, ऑफिस, क्लब, बाजार, फैक्टरी सभी रात में भी जगमगाते रहेंगे। किन्तु रात्रि तो सभी के विश्राम के लिए बनी है; पशु-पक्षी सभी विश्राम करते हैं। मनुष्य शरीर, प्रकृति की रचना में,

उनसे भिन्न नहीं है। प्रकृति के नियमों के अनुसार चलना उसके भी हित में है।

पहले बच्चे किताबों से पढ़ते थे। टेक्नोलॉजी ने उनके हाथों से किताबें ले लीं और आईपैड थमा दिए। अब स्वयं साइंस कह रहा है कि इन इलेक्ट्रॉनिक उपकरणों से अधिक देर तक पढ़ाई करने से बच्चों की आँखों को नुकसान पहुँच रहा है।

अब हम स्कूल की ओर चलते हैं, 'मॉडर्न' एवं 'मॉडल स्कूल' जिन्हें टेक्नोलॉजी ने कहा, "ये नीरस, काले, निर्जीव ब्लैकबोर्ड हटाइए और उनके स्थान पर, अधिक रोचक "स्मार्ट बोर्ड" लगाइए। वे स्वचालित हैं, उनके पटल पर अपने आप विषय के प्रमुख भाग आते जाएंगे, जिन्हें पढ़कर बच्चे लिख सकते हैं और अब चॉक की भी जरूरत नहीं।

इस नई व्यवस्था में, बच्चों का जो अपने शिक्षक या शिक्षिका से आदान-प्रदान होता था, रोचक चर्चाएँ होती थीं उन सबके कारण शिक्षा में जो सजीवता थी, जो आकर्षण था, वह नहीं बचा, जिसकी बच्चों के मानसिक विकास में और व्यक्तित्व गठन में अहम भूमिका रहती है। बच्चों का कोमल मन, इस निर्जीव वातावरण में उदास हो उठता है। उनका उल्लास चला जाता है। उनके अच्छे कार्य के लिए, प्रयास के लिए, शिक्षक से जो शाबाशी मिलती थी उससे उनका आत्मविश्वास बढ़ता था। मॉडर्निटी के इस जोश में हम ये भूल गए कि कल के नागरिक (भावी पीढ़ी) का निर्माण कैसा होगा? हम देश और समाज को किस प्रकार के लोग देंगे?

मनुष्य एक सामाजिक प्राणी है। पहले शहर छोटे थे, दूरियाँ कम थीं, लोगों के सामाजिक जीवन में परस्पर स्नेहमयी भावना थी, मित्रों से, बंधु-बांधवों से मिलकर, सुख-दुःख भरी आपबीती बातें कहने, सुनने

से मन का बोझ हल्का होता था। साथ देने का विश्वास बना रहता था। त्योहार मिलकर मनाने से खुशियाँ दोगुनी हो जाती थीं। लेकिन धीरे-धीरे साइंस और टेक्नोलॉजी का युग आ गया। मशीनें आयीं, कारखाने बने, औद्योगीकरण का दौर आया, शहर बड़े होते गए और दूरियाँ बढ़ती चली गयीं।

मित्रो और बंधु-बांधवों का संग मिलना-जुलना, व भावनाओं का आदान-प्रदान प्राय: मिट-सा गया। बड़े-बड़े त्योहारों पर भी हम फोन से Merry Christmas या Happy New Year कहकर संतोष कर लेते हैं। अब जीवन में एक अकेलापन है, रिक्तता है। इसका मनुष्य के शरीर पर, मन-मस्तिष्क पर क्या प्रभाव पड़ता है, इस पर ध्यान देना आवश्यक है।

साइंस की, चिकित्सा जगत में उपलब्धियाँ, ऐसा वरदान है जिनके लिए पूरा विश्व आभारी है। सूक्ष्मजीवों माइक्रोबैक्टीरिया की खोज, वैक्सीन, रोगरक्षक टीके, इन्होंने अनेक जानलेवा बीमारियों, जैसे—प्लेग, हैजा, स्मालपॉक्स, डिप्थीरिया, टिटेनस आदि से हजारों की तादाद में होने वाली मौत से संरक्षण दिलवाया है। टीकाकरण द्वारा विश्व के बच्चों को बचाया है। गर्भवती माताओं और नवजात शिशुओं की 'टिटेनस' से होने वाली मृत्यु को रोका है। साइंस की हितकारी देन की चर्चा की जाए तो एक पूरी किताब तैयार हो जाएगी। इसलिए हम अपनी चर्चा तीन खोजों पर केन्द्रित कर आगे बढ़ते हैं।

प्रथम चर्चा है (Artificial Intelligence, AI) "कृत्रिम बुद्धि" की, इसके द्वारा अनेक कठिन व चमत्कारी कार्य किए जा सकते हैं। जो पहले मनुष्य करता था, वह अब ए.आई. कर रहा है। अत: यह कहना अनुचित नहीं होगा कि ए.आई. तो अब स्वयं मनुष्य को ही replace करते जा रही है। इसने तो स्वयं मनुष्य की उपयोगिता पर सवालिया निशान लगा दिया है। मनुष्य की मस्तिष्क की कोशिकाओं की कवायद,

मनुष्य की कल्पना शक्ति, आर्ट, कविता, लेख, गणित के कठिनतम सवालों को हल करने की क्षमता, भावनाएँ, संवेदनाएँ आदि उपयोग में न लिए जाने के कारण कमजोर होते जाएंगे और अपनी क्षमताएँ खोते जाएंगे। ये परिणाम आने वाली पीढ़ियों में प्रतिलक्षित होगा।

दूसरी खोज – रोबोट की, ऐसी मशीनें, जो ऐसे अनेक कार्य कर सकती हैं, जो मनुष्य द्वारा किए जाते रहे हैं, जैसे–होटलों में, रेस्टोरेंट में, ग्राहकों की टेबल पर उनके ऑर्डर के मुताबिक चीजें सर्व करना, प्लेटें लगाना, हटाना आदि। दुकानों पर सामग्री लाकर, ग्राहक को दिखाना आदि। यहाँ तक कि बड़े अस्पतालों में सर्जन के आदेशानुसार सर्जरी करना (Robotic Surgery) आदि।

विचारणीय प्रश्न यह है कि मशीनों द्वारा मनुष्य का स्थान लेते जाना, क्या स्वयं मानव जाति के लिए हितकर होगा? विचार करने योग्य एक दृष्टिकोण यह भी है कि जिन देशों की जनसंख्या अधिक है, जहाँ बेरोजगारी और गरीबी गंभीर समस्याएँ हैं इन देशों के लिए मशीन द्वारा मनुष्य का स्थान ले लेना, बेरोजगारी और गरीबी की समस्या को और बढ़ा देगा।

तीसरी बड़ी खोज और साइंस की उपलब्धि है, 'न्यूक्लियर पावर' नाभिकीय शक्ति की। मॉडर्न मनुष्य की मानसिकता जिसमें अपनी स्वयं की प्रजाति के लिए दयाभाव नहीं, उसके हाथों में इस शक्ति का होना तो 'नरसंहारक' बन सकता है। द्वितीय विश्व युद्ध में, जापान पर गिराए गए 'एटम बम' इस बात के प्रमाण हैं। अत:

साइंस वरदान भी है, अभिशाप भी!

उसके किस रूप को अपनाना है, यह मनुष्य की प्रवृत्ति और सोच पर निर्भर करता है। निष्कर्ष यह निकलता है कि मनुष्य केन्द्र बिन्दु है, प्रधान है। इसलिए सुसंस्कृत, सृष्टि के प्रति आदर रखने वाले, विश्व

की मानव-जाति के प्रति समभाव रखने वाले, ऐसे लोग कैसे तैयार हो सकेंगे, इसके लिए बचपन से ही कैसा वातावरण? कैसी शिक्षा, देने की आवश्यकता होगी; इन सब पर हम "चिन्तन" के अगले भाग (भाग 2) में विचार करेंगे।

चिन्तन (भाग-2)
मानव नवनिर्माण

मानव नवनिर्माण की चर्चा की शुरुआत हम उसकी अच्छी नींव से करते हैं वह है आनुवंशिकी (Genetics) आनुवांशिक गुण व दोष ऐसी विशेषताएं हैं जो एक पीढ़ी से दूसरी पीढ़ी में माता-पिता के द्वारा शिशु में पहुँचती हैं। कुछ बीमारियाँ वंशज होती हैं, कुछ गुण और दोष भी वंशज होते हैं, जैसे– असामान्य हीमोग्लोबिन के कारण लाल रक्त कोशिकाओं (RBC) (Sickle-cell anaemia), एक उम्र के बाद शरीर की माँसपेशियों का गलना (Muscular dystrophy) डायबिटीज, शरीर की बनावट विशेषकर ऊँचाई (जैसे– एक नेपाली और एक यूरोपियन की ऊँचाई में अंतर) आदि। अच्छे वंशज गुणों वालों की संतानोत्पत्ति को प्रोत्साहित किया जाना चाहिए।

चंद बीमारियाँ, जैसे–सिफिलिस, ट्यूबरक्लोसिस (टी.बी.), मानसिक बीमारी (पागलपन) आदि से पीड़ित व्यक्ति से विवाह न किया जाए। यदि विवाह करने की ठान ही ली हो तो फिर एक पार्टनर की स्टेरिलाइजेशन (नसबंदी ऑपरेशन) अपना लेना चाहिए ताकि उनकी संतान न हो।

कानूनी दखल तथा विवाह के पूर्व मेडिकल परीक्षण तो इन्हें रोकने में असफल साबित हुए हैं। इनके विषय में लोगों में अधिक जागृति लाकर और यह समझाकर कि ऐसी संतान का जीवन कितना दुर्भाग्यपूर्ण और दु:खदायी होगा, इस समस्या को कम किया जा सकता है। किसी

भी व्यक्ति को यह अधिकार नहीं है कि जानते हुए वह अन्य व्यक्ति को (स्वयं के बच्चे को) वही दु:ख भोगने के लिए जन्म देकर मजबूर करे अत: वंशज बीमारी या दोषों का यह तकाजा है कि ऐसे व्यक्ति संतानोत्पत्ति की इच्छा का बलिदान करें।

इसके साथ ही दूसरी दिशा जिसमें प्रयास किए जाने चाहिए जिनसे अच्छी नस्ल के लोगों को संतानोत्पत्ति का प्रोत्साहन मिले। शिक्षा के अवसर तथा आर्थिक सहायता व स्थिरता प्रदान की जाए, जैसे– रहने के लिए घर, घर के चारों ओर या कम से कम आगे और पीछे थोड़ा रिक्त स्थान।

उत्तम नींव अर्थात् उत्तम नस्ल (वह जो वंशज रोग रहित हो) के उपरांत अब हम दूसरी आवश्यकता पर आते हैं, वह है “मजबूत स्वस्थ शरीर”।

इसकी तीन प्रमुख आवश्यकताएँ हैं जिन पर विशेष ध्यान देना आवश्यक है–

भोजन का शरीर के गठन, मजबूती और विकास पर पड़ने वाले प्रभावों पर विचार करें। खाने की वस्तुएँ जितनी अधिक कुदरती और ताजी हों, उतनी स्वास्थ्य के लिए लाभप्रद हैं। वे स्थानीय भी हों, दूर से लाने में ट्रांसपोर्ट गाड़ी द्वारा पर्यावरण में कार्बन भार बढ़ेगा, जो अनुचित है।

शाकाहारी भोजन अपनाना होगा: इसकी आवश्यकता वैज्ञानिक स्तर पर प्रमाणित हो चुकी है और वे हैं–

व्यक्तिगत स्वास्थ्य की दृष्टि से ताजी हरी साग-सब्जियों द्वारा शरीर को रोग प्रतिरोधक शक्ति प्राप्त होती है। इस प्रकार शरीर रोगमुक्त रहता है।

मांसाहारी भोजन: की वसा (Fat) रक्त नलिकाओं में जमा होते-होते उन्हें सकरा कर देती है और उच्च रक्तचाप (High Blood Pressure) की बीमारी को जन्म देती है।

ब्लड प्रेशर के कारण हार्ट अटैक आ जाता है, मस्तिष्क की छोटी महीन रक्त नलिकाएँ भी अधिक प्रेशर के कारण टूट जाती हैं तो किसी अंग विशेष की 'पैरालिसिस' भी हो सकती है।

अधिक वसा के कारण मोटापा होता है, जो अन्य बीमारियों को जन्म देता है।

पर्यावरण की दृष्टि से: मांसाहारी भोजन की आवश्यकता की पूर्ति के लिए, बड़े पैमाने पर पशुपालन किया जाता है। पशुओं के द्वारा मीथेन गैस की मात्रा, पर्यावरण में बढ़ती है, जो कि कार्बन डाइ ऑक्साइड की ही तरह ग्रीनहाउस गैस का काम करती है और पृथ्वी के गर्म होने (Global Warming) तथा मौसम में बदलाव का कारण बनती है।

प्राणियों के "जीने के अधिकार" को स्वीकारने और मान्यता देने की खातिर।

शरीर की बाहरी मौसम के अनुसार प्रतिरक्षक क्षमता का विकास: मौसम के अनुसार सर्दी, गर्मी, बारिश आदि को बर्दाश्त करने की क्षमता। मनुष्य शरीर की अनेक विलक्षण क्षमताएँ हैं, इनका विकास तभी होता है जब शरीर का उनसे परिचय करवाया जाए। इस क्षमता को चंद उदाहरणों द्वारा देखा और समझा जा सकता है, जैसे—

(अ) एक मजदूर धूप और गर्मी में जितने घंटे मेहनत का काम कर सकता है, हम और आप नहीं कर सकते जबकि हम उससे कहीं अधिक पौष्टिक भोजन करते आए हैं।

कारण यह है कि जैसे ही गर्मी का मौसम आया तो घर में वातानुकूल ए.सी. शुरू हो जाते हैं, जिस कार से हम ऑफिस जाते हैं वह ए.सी. (A.C.) कार होती है, ऑफिस एयर-कंडीशंड होता है। हमारे बच्चों की स्कूल बस एयर-कंडीशंड होती है, स्कूल का क्लास रूम एयर-कंडीशंड होता है।

(ब) ठंड के मौसम में रूम हीटर होते हैं, पश्चिमी देशों में पूरा घर ही गर्म रखा जाता है। गर्म कपड़ों की कई पर्तें (वार्मर, स्वेटर, कोट आदि) पहनी जाती हैं।

(स) इसी प्रकार बारिश से बचने के कई उपाय व साधन अपना लिए जाते हैं।

दूसरा उदाहरण शरीर की रोग प्रतिरोधक शक्ति का: वे गरीब घरों के नन्हें बच्चे जो दिन भर धूल-माटी की जगह खेलते रहते हैं। उस धूल में कई किस्म के सूक्ष्म कीटाणु रहते हैं, बीमारियों के भी। इन सबसे शरीर का परिचय होता है और तब शरीर उनसे बचाव की 'प्रतिरोधक शक्ति' तैयार कर लेता है।

आधुनिक टीकाकरण कार्यक्रम (Immunization) भी इसी क्षमता व सिद्धांत पर आधारित है। इसमें रोग विशेष की वैक्सीन का टीका लगाकर शरीर से उस रोग का परिचय करा दिया जाता है, इसके उपरांत शरीर उन्हें मारने के लिए पूरी फौज तैयार कर लेता है। टीकाकरण की इस विधि के द्वारा आज विश्व के करोड़ों बच्चों को भयंकर जानलेवा बीमारियों से बचा लिया जाता है।

स्वस्थ, शक्तिवान शरीर के लिए समुचित व्यायाम (Exercise) अत्यंत आवश्यक है। व्यायाम से रक्त प्रवाह बेहतर होता है, (Blood Circulation) और संपूर्ण शरीर की हर कोशिका (Cell) को ऑक्सीजन और पोषक

पदार्थ पहुँचते हैं, इससे उनकी मजबूती व कार्यक्षमता बढ़ती है। व्यायाम के समय 'हार्ट' को भी अधिक रक्त और ऑक्सीजन मांसपेशियों को सप्लाय करने के लिए अधिक तेजी से और अधिक बार ब्लड-पम्प करना पड़ता है, इस कवायत के कारण उसकी मांसपेशियाँ (Heart muscles) भी मजबूत होती हैं। उन्हें मजबूत करने का व्यायाम के सिवाय और कोई तरीका नहीं है।

व्यायाम के तरीकों में 'योगाभ्यास' सबसे उत्तम तरीका माना गया है, इस विधि के द्वारा पूरे शरीर (हर अंग) का व्यायाम होता है। भारत की इस प्राचीन विधि को विश्व में "योग दिवस" के रूप में स्वीकृति दी है, इसे महत्त्वपूर्ण माना है। कई लोगों ने (युवा वर्ग) इसे अपनाया भी है। हमारे देश में कई स्कूलों में इसे छोटी कक्षा से ही बच्चों को सिखाना प्रारंभ कर दिया गया है।

शिक्षा: अब हम स्वस्थ एवं शक्तिवान शरीर के गठन की चर्चा के उपरांत "मानव नवनिर्माण" के चिन्तन में आगे बढ़ते हैं। अगला विषय है उसकी शिक्षा का।

अक्षर ज्ञान के उपरांत, शिक्षा का प्रथम एवं बुनियादी चरण इससे प्रारंभ हो कि जीवित रहने के लिए हमारी क्या आवश्यकताएँ हैं? वे हमें किनसे प्राप्त होती है और इसलिए वे स्रोत कितने बहुमूल्य, कितने अनमोल हैं।

1. सांस लेने के लिए प्राणवायु ऑक्सीजन हमें पेड़ों से मिलती है, अत: वे बहुमूल्य हैं। उन्हें सुरक्षित रखना हमारे स्वयं के जीवन के लिए आवश्यक है। वृक्ष हमारे बगैर रह सकते हैं किन्तु हम उनके बगैर नहीं।

2. हमें भोजन के लिए "अन्न" की आवश्यकता होती है, हमें अन्न भूमि से प्राप्त होता है, इसलिए भूमि बहुमूल्य है। उसे

स्वस्थ और उपजाऊ बनाए रखना हमारे स्वयं के जीवन के लिए आवश्यक है।

3. हम भोजन के बिना तो कुछ दिन जीवित रह सकते हैं किन्तु जल के बिना जीना संभव नहीं है।

(अ) अत: जल के स्रोतों को प्रदूषित न होने देना, उनकी निरंतरता बनाए रखना हमारे स्वयं के जीवन के लिए जरूरी है।

(ब) पृथ्वी के पास पेयजल का भंडार केवल 3% ही है शेष सारा जल (समुद्र आदि) खारा जल है, अत: जल का उपयोग मितव्ययता के साथ करें, उसे कहीं भी खुले पाइप द्वारा व्यर्थ बहता हुआ न छोड़ें।

(स) वर्षा जल को संचित रखने के (Rain Water Harvesting) प्रबंध जरूर करवाएँ।

यह था "नवनिर्माण" के लिए आवश्यक शिक्षा का प्रथम अध्याय अब हम इस शिक्षा के द्वितीय चरण की ओर बढ़ते हैं। वह है "पृथ्वी समस्त मानव जाति व अन्य सभी प्राणियों का एकमात्र घर – यह "पृथ्वी"

संपूर्ण ब्रह्माण्ड (Universe) में एकमात्र ग्रह जहाँ जीवन के लिए आवश्यक साधन मौजूद हैं।

इसकी तासीर है – सम तापमान पर रहने की (न अधिक गरम, न अधिक ठंडी)

यह अपना तापमान 'सम' कैसे बनाए रखती है?

जब सूर्य की किरणें इस पर पड़ती हैं, तब यह गरम होती है किन्तु इसके पहले कि यह अधिक गरम हो, इसकी सतह उन किरणों को वापस (Reflect) कर देती हैं।

पृथ्वी की स्वयं के तापमान की "सम" बनाए रखने की, स्वनियंत्रित व प्रभावशाली व्यवस्था में तब बाधा आ जाती है जब उसके पर्यावरण में कार्बन डाइ ऑक्साइड, मीथेन, नाइट्रस ऑक्साइड जैसी गैस सामान्य से अधिक मात्रा में जमा हो जाए और इनके कारण सूर्य की किरणों का वापस होना रुक जाए।

यदि पृथ्वी गर्म हुई, तो क्या होगा?

मौसमों में विनाशकारी बदलाव आएंगे, जैसे–

- तेज गर्म हवाओं का चलना, जंगलों में आग लगना
- अत्यधिक तेज बारिश और अनियंत्रित बाढ़ से जान-माल का नुकसान
- समुद्री तूफान
- उत्तर एवं दक्षिणी ध्रुव की बर्फ का पिघलना और इस अतिरिक्त जल से समुद्री जल स्तर का ऊँचा होना
- समुद्री द्वीपों तथा समुद्र तटीय प्रसिद्ध उद्योग एवं व्यापार के केन्द्र सुप्रसिद्ध शहरों, जैसे–बम्बई, न्यूयॉर्क, शंघाई आदि का डूब जाना।
- पेयजल के बर्फ के रूप में जमे हुए भंडार 'ग्लेसियर्स' का पिघल जाना। पानी की बड़ी झीलों का सूख जाना।

उपरोक्त इन सभी विपदाओं के कारण लाखों लोगों का घर-बार, पुश्तैनी खेती-बाड़ी सब कुछ छोड़कर विस्थापित होना। इन्हें (Climate Refugee) कहा जा रहा है और इनकी संख्या बढ़ रही है।

बच्चों को शिक्षा देते समय एक अहम बात का स्मरण रहे कि–

बच्चे वह अधिक सीखते हैं जो बड़ों को करते हुए देखते हैं।

अत: बड़ों को अपनी कार्बन उगलने वाली मौजूदा जिन्दगी के तौर-तरीकों को दृढ़तापूर्वक बदलना होगा। आइए इस पर गौर करें। एक अमेरिकन नागरिक—

(i) वायुयान (Aeroplane) द्वारा यात्राएँ करना पसंद करता है समय एवं सुविधा के कारण। घरेलू उड़ानों (Domestic Flights) की संख्या दिनोंदिन सभी देशों में बढ़ते जा रही है।

वायुयान 9 से 13 किलोमीटर की ऊँचाई पर उड़ान भरते हैं, वे वायुमंडल में हानिकारक गैस, जैसे—कार्बन डाइ ऑक्साइड (CO_2), नाइट्रस ऑक्साइड (NO_2), सल्फर डाइ ऑक्साइड (SO_2) व अन्य हानिकारक कण (Particles) फेंकते हैं। इन सबके कारण वायुमंडल का जो स्वस्थ एवं सुनिश्चित गठन है, उसमें हानिकारक बदलाव आता है तथा मौसम में विपरीत बदलाव लाने (Climate Change) का कारण बनता है।

वायुयान यात्राएँ वर्तमान में 3.5% मानव निर्मित क्लाइमेट चेन्ज के लिए जिम्मेदार हैं।

एक यात्री जिसने विमान द्वारा लंदन से न्यूयॉर्क तक की उड़ान भरी, वह 1.5 से 2 टन कार्बन डाइ ऑक्साइड की मात्रा बढ़ाने का जिम्मेदार है।

फिलहाल अमेरिका प्रथम नम्बर पर है और दूसरे नम्बर पर इंग्लैंड है।

यह अभी तो कम लगता है, किन्तु हर देश में वायुयान यात्राओं में तेजी से बढ़ोतरी हो रही है, ऐसी परिस्थति में कार्बन डाइ ऑक्साइड का जमाव 2050 तक बढ़कर 15% हो जाएगा।

आधुनिक जीवन शैली के अन्य उदाहरण जो पृथ्वी पर कार्बन भार बढ़ाते हैं वे इस प्रकार हैं–

1. मनोरंजन के साधन:

• टी.वी., वीडियो, स्टीरियो आदि का उपयोग – 35 kg C

2. थर्मोस्टेट पर गरम करना – प्रति डिग्री 25 kg प्रति वर्ष

3. रेस्टोरेंट में भोजन – प्रति डिनर – 8 kg CO_2

4. वाशिंग मशीन में कपड़े धोना – 100 kg

5. कपड़ों को मशीन द्वारा सुखाना – 36 kg

6. एक शावर बाथ – 50 kg

7. छुट्टी मनाने समुद्री तट पर जाना – 200 kg

8. मोबाइल फोन चार्ज करना – 35 to 70 kg

   मैंने यहाँ पाश्चात्य विकसित देशों (The fully-developed countries of West) की जीवन शैली के केवल चंद उदाहरणों के कार्बन अनुदान का उल्लेख किया है, किन्तु अन्य पर भी ध्यान देना जरूरी है और वे हैं–

• इलेक्ट्रॉनिक डिश वाशर से बर्तन धोना।

• इलेक्ट्रॉनिक किचन सामग्री – माइक्रोवेव ओवन, केटली, ग्राइंडर, आइरन आदि।

• रेफ्रिजरेटर, फ्रीजर आदि।

• घर गर्म रखने के लिए बिजली का उपयोग आदि।

पृथ्वी को गर्म होने से रोकने के लिए यह नितांत आवश्यक है प्रति व्यक्ति के द्वारा वर्ष भर में केवल 2.5 टन कार्बन का अनुदान या बढ़ोतरी होनी चाहिए।

मनुष्य जाति और अन्य सभी प्राणियों का एकमात्र घर यह पृथ्वी ही है। आधुनिक विज्ञान की उपलब्धियों की सहायता से मनुष्य अन्य सभी ग्रहों तक भटक चुका, उसके रहने लायक उपयुक्त स्थान कहीं भी नहीं है।

हर समाज, हर परिवार अपने बच्चे को उत्तम तहजीब सिखाता है, कोई समाज बड़े, बुजुर्गों का पैर छूकर आशीर्वाद लेना, तो कोई झुककर आदाब व सलाम करना तो पश्चिमी जगत में "थैंक यू" आदि किन्तु सबसे अत्यधिक प्रमुख तहजीब हम स्वयं भूल गए और वह है सबकी पालन-पोषणकर्ता जीवनदायिनी इस पृथ्वी के प्रति आभार व्यक्त करना उसे कर्मों द्वारा "थैंक यू" कहना। हमारे किसी भी बर्ताव से इसका अनादर न हो पाए इसका ध्यान रखना।

नवनिर्माण की शिक्षा में अत्यंत महत्त्वपूर्ण प्रमुख विषय यह भी हो–"पृथ्वी पर रहने का तरीका" उसे बिना किसी भी तरह की हानि पहुँचाए उसके प्रति आभार व्यक्त करते हुए जीना। आइए उन चंद अहम मुद्दों पर विचार करें–

शहर: बड़े और घनी आबादी को, अव्यवस्थित रूप से संभाले हुए न हों, जैसा कि विश्व के बड़े औद्योगिक नगर हैं, बल्कि इनका भार कम करने (suburb) उपनगर हों।

उपनगर (Suburb): 10,000 निवास गृह (residential homes) 20,000 या 30,000 जनसंख्या के लिए जो स्वस्थ वातावरण में यहाँ रहेंगे और शहर जाकर काम करेंगे।

सड़कों के दोनों ओर हरे वृक्षों की कतारें होंगी।

यातायात के साधन:

i. Trams ट्राम गाड़ियों की व्यवस्था हो।

ii. (Cycling) साइकिल से जाने के लिए अलग सुरक्षित मार्ग हो।

iii. Car-pool System उसके लिए उनके पास तकरीबन 20 कार हो।

नगर का अपना Waste-Water-Plant होगा जहाँ से शुद्ध पानी, हरी साग-सब्जी व अन्य खेती-बाड़ी के लिए उपयोग में किया जाएगा।

वर्षाजल को एकत्रित करने के प्रबंध भी हों।

(Rain water harvesting) पानी भरे गीले दलदलों, तालाबों को नए घर बनाने आदि के लिए पाटा न जाए।

उनकी ऊर्जा (energy supply) की जरूरतों को पूरा करने के लिए नजदीक में एक Thermal Power Plant से हो, जो कि निम्नलिखित के उपयोग से चलता है–

a. Treated Waste Water: अशुद्ध जल को शुद्ध किए गए पानी।

b. बचे हुए फालतू भोजन (Food Waste) से उत्पन्न की गई Biogas बायोगैस।

करीबन 1000 घरों में बायोगैस ईंधन पर चलने वाले 'कुकर' की भी व्यवस्था हो सकेगी।

नोट: यह केवल सुझाव ही नहीं बल्कि इसका मॉडल भी तैयार किया जा चुका है, उदाहरण, हैमरवे डेवलपमेंट मॉडल स्टॉकहोम, इंग्लैंड तथा इसे प्रयोग के रूप में अपनाया भी गया है।

भोजन के बारे में हम सही निर्णय लेकर किस प्रकार कार्बन भार कम कर सकते हैं, इसका प्रचार-प्रसार भी इंग्लैंड के एक युवा ग्रुप

के द्वारा सक्रिय रूप से किया जा रहा है। उनके प्रोत्साहन से कुछ रेस्तरां (भोजनालयों) में, मेनू कार्ड के साथ ही यह दर्शाया जाता है कि किस भोजन पदार्थ का कितना कार्बन भार है इससे ग्राहक व्यक्ति को यह निर्णय लेने में सहायता मिलती है कि वह कम कार्बन वाले भोजन पदार्थ का आदेश दे। उदाहरण, एक मीट बर्गर का कार्बन भार 4.35 किलोग्राम है और 7.35 के बीच रहता है जबकि शाकाहारी बर्गर का बेहद कम होता है। यदि प्रति 300 मिलियन अमेरिकन नागरिक द्वारा एक सप्ताह में एक मीट बर्गर खाया जाए तो पर्यावरण में करीब 65,250,000 टन कार्बन भार बढ़ेगा, महज एक वर्ष में।

यातायातः यदि आपके पास अपनी खुद की कार है तो उसका उपयोग कम बार करें। यदि आप प्रतिदिन काम पर (Workplace) जा रहे हैं, और अन्य को यदि वहीं जाना हो, तो उन्हें भी साथ चलने के लिए आमंत्रित करें। यदि बस आदि पब्लिक ट्रांसपोर्ट उपलब्ध हो तो उससे यात्रा करें।

यदि कम दूरी तक जाना हो तो मोटरसाइकिल के बजाय साइकिल या पैदल ही जाएँ।

यदि आप साइकिल से जाएँ तो प्रति 3 मील की दूरी के लिए 2 किलोग्राम कार्बन भार की बचत की जा सकेगी।

अब पेट्रोल के बदले अन्य कार ईंधन (Fuel) के उपयोग पर तेजी से रिसर्च चल रही है और उन्हें उपलब्ध कराया जा रहा है। उनके उदाहरण हैं—

L.P.G. (Liquified Petroleum Gas) तथा C.N.G. (Compressed Natural Gas) इनके द्वारा पेट्रोल की तुलना में कम कार्बन फेंकी जाती है।

Hybrid: इनमें इलेक्ट्रिक मोटर तथा बैटरी दोनों रहते हैं। इनमें कम ईंधन की खपत होती है और इनके द्वारा कम कार्बन प्रदूषण होता है।

Ethenol का उपयोग भी किया जा सकता है।

Diesel: इसके उपयोग से कार्बन प्रदूषण तो कम होता है किन्तु ये नाइट्रस ऑक्साइड और अन्य कण (particles) फेंकते हैं जो पर्यावरण को प्रदूषित करते हैं। अत: उचित नहीं है।

ग्रीन हाइड्रोजन: इस पर भारत में बहुत रिसर्च हो रहा है।

Solar Energy (सूर्य ऊर्जा) से चार्ज की गई बैटरी।

नोट: कार में उपरोक्त अपेक्षित परिवर्तन लाना, फिएट, फोर्ड, सिट्रान रेनाल्ट, कम्पनियों ने प्रारंभ कर दिए हैं।

अन्य:

बिजली का खर्च कम करें: हर सदस्य इसका ध्यान रखे कि—

- जब आवश्यकता न हो तो लाइट व बिजली से चलने वाले अन्य उपकरण बंद कर दिए जाएँ, बच्चों में भी शुरू से ये आदत डालें।

- घर में कम पावर पर चलने वाले बल्ब एवं अन्य उपकरण उपयोग में लाएँ।

- ग्रीन एनर्जी जिस भी रूप में उपलब्ध हो, उसी का उपयोग करें, जैसे–सोलर एनर्जी, विन्ड एनर्जी आदि।

- इनकी खोज और उपलब्धता बढ़ाने की राज्य-शासन व केन्द्र शासन पर मांग बढ़ाएँ, ताकि इन पर अधिक राशि खर्च की जाए और इनकी उपलब्धता तेजी से बढ़े।

- कोई भी चीज, जैसे–ड्रेस, फर्नीचर, सजावट का सामान आदि उतना ही खरीदें जितना आवश्यक है जितने कि आपको दरअसल में जरूरत है, मार्केट या फैशन के रुख या चलन (Fashion trend) के अनुसार नहीं।

- मितव्ययता की शैली अपनाएँ, आधुनिक अमेरिकन जीवन शैली (Use And Throw) उपयोग में लें और फेंक दें यह न अपनाएँ।

याद रखें: प्रत्येक सामग्री को बनाने में, उसे पैक करने में, उसके ट्रांसपोर्ट में, पृथ्वी का कार्बन भार कई गुणा बढ़ जाता है।

वस्तु, जैसे–कपड़े, इलेक्ट्रॉनिक उपकरण आदि के पुराने हो जाने पर उनका पुनरावर्तन कर (Recycle) उन्हें उपयोगी बना लें (Reuse)।

वृक्षों के महत्व को बढ़ाएँ:

- घर के आसपास जहाँ भी थोड़ी जमीन खाली पड़ी हो, वहाँ बच्चों के हाथ से पेड़ लगवाएँ और उसे पानी देकर प्यार से बड़ा करना सिखाएँ।

- घर और स्कूल दोनों जगह बच्चों को पेड़ों के महत्व के बारे में बताया जाए–

  (अ) पेड़ों से ही हमारी प्राणवायु ऑक्सीजन हमें मिलती है। वे न हों तो हम जी नहीं सकते।

  (ब) उनसे ही हमें फल और अन्य भोजन की वस्तुएँ मिलती हैं।

  (स) वे हमारे बहुत बड़े संरक्षक भी हैं क्योंकि वे वातावरण की कार्बन डाइ ऑक्साइड अपने अंदर सोख लेते हैं अपना भोजन बनाने के लिए और इस प्रकार पर्यावरण प्रदूषण कम करते हैं।

पृथ्वी का कार्बन भार घटाने में आज पूरा विश्व वृक्षों और वनों की सहायता का सहारा खोज रहा है।

(द) वन महोत्सव प्रतिवर्ष मनाया जाता है। उसमें पूरे उत्साह के साथ भाग लेने के लिए बच्चों को प्रोत्साहित करें, स्वयं भी भाग लें।

- (Use Eco-friendly items) जो वस्तुएँ पर्यावरण, भूमि और प्रकृति में घुल-मिल कर उसमें वापिस समा सकें उनका उपयोग करें, जैसे–जूट के थैले, सूती कपड़े के बैग, जूट के बोरे, सूती ड्रेस, माटी के घड़े, सुराही, चाय के कुल्हड़ आदि। प्लास्टिक से बनी या थर्मोकोल से बनी वस्तुओं का उपयोग न करें, कृत्रिम धागों से बने कपड़े जैसे टेरेलीन आदि का उपयोग न करें।

अन्न उत्पादन के लिए ऐसी कृषि प्रणाली अपनाने की पहल करें जो भूमि की उपजाऊ शक्ति (उर्वरकता) को सदियों तक टिकाए रखे (Sustainable Farming)। भारत इसका ज्वलंत उदाहरण है, हमारे पूर्वजों ने तीन हजार वर्ष की खेती के बाद भी आज की पीढ़ी को उपजाऊ भूमि सौंपी है। Sustainable खेती का इससे बढ़कर और क्या प्रमाण हो सकता है। यह organic खाद "गोबरधन" पर आधारित थी केमिकल खाद पर नहीं, न ही तब केमिकल कीटनाशक दवाओं के स्प्रे का उपयोग होता था। न ही आधुनिक ट्रैक्टर द्वारा बखरनी होती थी जैसे की पश्चिमी देशों में होती है। शेष कृषि कार्य भी मशीनों द्वारा ही किए जाते हैं। ये सभी कार्बन डाइ ऑक्साइड उगलते हैं और पृथ्वी का कार्बन भार बढ़ाते हैं।

अतः ऑर्गेनिक खाद के उपयोग एवं भूमि की उर्वरकता बनाए रखने वाली खेती (Sustainable Farming) को अपनाने की पुरजोर सिफारिश करें, प्रचार करें।

उन तमाम औद्योगिक संस्थानों (Industries) की पुरजोर सिफारिश की जाए, प्रोत्साहन दिया जाए जो अपने स्तर पर कार्बन भार कम करने में सक्रिय कदम ले रही हैं।

अपने संबंधियों, मित्रों तथा कार्यस्थल (Workplace) में भी उपरोक्त सभी कार्बन भार कम करने के प्रयासों की आवश्यकता का प्रचार-प्रसार करें, उन्हें अपनाने के लिए आग्रह करें।

यह है वह रीति-नीति जो इस देवभूमि, अन्नपूर्णा, समस्त प्राणियों की पोषक, ब्रह्माण्ड में अद्वितीय अनमोल, जीवनदायिनी इस पृथ्वी ग्रह पर आभारयुक्त हृदय से रहने की। इसे ही बड़े अपनाएँ और बच्चों को सिखाएँ पढ़ाएँ।

'मानव नवनिर्माण' की दिशा में एक अत्यंत आवश्यक उद्देश्य की ओर ध्यान आकर्षित किया जा रहा है जिसे एक सरल घटना द्वारा यहाँ उल्लेखित किया जा रहा है। वह इस प्रकार है–

"एक बार रूस के प्रसिद्ध लेखक एवं विचारक मैक्सिम गॉर्की किसानों की विशाल सभा को संबोधित कर रहे थे। वे विज्ञान के अनेक फायदे उन्हें समझाते हुए बोले, "विज्ञान ने हमें पक्षियों की तरह आकाश में उड़ने की क्षमता दी है, विज्ञान ने हमें मछली की तरह समुद्र की गहराइयों में जा सकने की क्षमता दी है। क्या ये सब उपलब्धियाँ चमत्कारिक नहीं हैं जो साइंस ने हमें दी हैं?"

उस सभा में एक अनपढ़, गरीब किसान ने खड़े होकर नम्रतापूर्वक मैक्सिम गॉर्की से कहा, "यह सच है कि साइंस ने हमें पक्षी की तरह उड़ना सिखाया, मछली की तरह समुद्र की गहराइयों तक तैरकर जाना सिखाया, किन्तु यह दुर्भाग्यपूर्ण है कि साइंस हमें (यानी मनुष्यों को) इस धरती पर परस्पर सहयोग से, शांति से एक साथ रह सकना न सिखा पाया!"

मानव नवनिर्माण के प्रयासों का भी मूल सिद्धांत और ध्येय यही होना चाहिए।

- सृष्टि की रचना में, प्रकृति के नियमों में "मनुष्य एक समान प्रजाति है।" जैसी कि अन्य प्राणियों की प्रजातियाँ हैं। प्रत्येक मनुष्य के जीवन की बुनियादी आवश्यकताएँ–

  i. प्राणवायु ऑक्सीजन

  ii. जल

  iii. अन्न एक सी हैं।

  iv. रोग के सूक्ष्म कीटाणु (बैक्टीरिया तथा वाइरस आदि) हर मनुष्य को प्रभावित करते हैं, जो कि कोविड-19 और "कोरोना" की बीमारी ने विश्वव्यापी बनकर प्रमाणित कर दिया। देशों की सीमा रेखाएं, उनकी आपसी प्रतिस्पर्धाएँ उसे नहीं रोक पाईं।

- प्रत्येक मनुष्य शरीर एक समान पाँच तत्त्वों से बना है: जल, अग्नि, वायु, आकाश और भूमि।

भूमि की सीमा रेखाओं में बँटकर मनुष्य नरसंहारक बन गया, दो विनाशकारी विश्व युद्ध इसका प्रमाण हैं, हिरोशिमा तथा नागासाकी पर गिराए गए अणुबम इस क्रूरता के प्रमाण हैं। अमेरिका और रूस के बीच शीत युद्ध चलता रहा दशकों तक। इस अवधि में अमेरिका ने नए हथियारों को बनाने में 33 मिलियन डॉलर की राशि लगा दी और अंत में युद्ध हुआ ही नहीं। यही राशि यदि विश्व के कुपोषित बच्चों को पोषण देने में लगा दी जाती तो उन्हें स्वस्थ मजबूत शरीर देकर रोगमुक्त रखा जा सकता था।

वर्तमान समय में (सन् 2023) रूस द्वारा यूक्रेन में जो नरसंहार जारी है, वह भी इसी भूमि सीमा रेखाओं के कारण मानव में आई

संकीर्णता को दर्शाता है कि यूक्रेन को रूस की सीमा रेखा घटाने के लिए पश्चिमी देशों द्वारा कोशिश की जा रही है इसलिए यूक्रेन में युद्ध (नरसंहार) जारी है।

आज विज्ञान का उपयोग एक से एक विनाशकारी हथियार बनाने में किया जा रहा है। ऐसे समय में भी एक आवाज विश्व को याद दिला रही है कि समस्त मानव एक ही प्रजाति है और उस शाश्वत सत्य पर लौट जाना चाहिए। यह आवाज है भारत की विश्व G20 के मंच से। भारत के प्रधानमंत्री बार-बार विश्व को याद दिला रहे हैं, आग्रह कर रहे हैं–

"एक मानव प्रजाति, एक पृथ्वी, एक भविष्य, एक विश्व"

"मानव नवनिर्माण" के प्रयासों में, शिक्षा में, आदर्शों में यह भावना नींव के पत्थर की तरह बस जाना चाहिए।

विश्व के लिए, स्वयं मानव के अपने अस्तित्व के लिए दो परिभाषाएँ सही अर्थ और सही तरीके से समझाना अत्यंत आवश्यक है और वे हैं–

i. Developed Country: पूर्ण विकसित देश

ii. Rich Country: धनवान देश

'विकसित देश' आप किसे कहेंगे? वह जिन्होंने कोयले की ऊर्जा पर बड़े पैमाने में औद्योगिकरण हासिल किया। इस प्रक्रिया में बड़ी मात्रा में कार्बन युक्त धुआँ उगला गया, जो ग्रह पृथ्वी के लिए असहनीय साबित हुआ, जो पृथ्वी की स्वयं के तापमान को सम रखने (न अधिक गरम न अधिक ठंडा) की प्रक्रिया में बाधक बना और पृथ्वी का तापमान बढ़ा, आज "ग्लोबल वार्मिंग" हमारी सदी की सबसे विकराल और विनाशकारी समस्या है।

ग्रह पृथ्वी ही एकमात्र घर है मनुष्य व अन्य समस्त प्राणियों का। यदि स्वयं के घर को फूँक दे ऐसी चिंगारी सुलगाना "विकास" (Development) है तो ऐसी राह हमें नहीं जाना है।

Developed वे सभ्यताएँ हैं, विश्व के वे देश हैं जिन्होंने विगत पाँच हजार वर्षों से इस अद्वितीय व अमूल्य 'ग्रह पृथ्वी' को संजोए रखा, उस पर आँच न आने दी।

अब हम "धनवान" देश की परिभाषा पर आते हैं, "धन" की नई मान्यता समझाएँ और सिखाएँ। धनवान वो देश हैं जिनके पास–

1. **वन-धन है:** वृक्ष हैं, घने जंगल हैं, जैसे–अफ्रीका, साउथ अमेरिका, भारत आदि।

2. **जन-धन है:** पर्याप्त लोग हैं और उनमें 'युवा वर्ग' अधिक हैं। यूरोप के कई देश कम जनसंख्या की समस्या झेल रहे हैं। कई देश, जैसे–इटली इस समस्या से परेशान हैं कि उनकी जनसंख्या में बड़ी उम्र के लोग अधिक हैं, युवा वर्ग कम।

3. **जल-धन:** नदियाँ जिनमें वर्ष भर पानी रहता है। जंगलों में कल-कल करते स्वच्छ जल के झरने।

4. **धरती में खनिज भंडार:** लोहा, एल्यूमीनियम, तांबा, सोना, चाँदी, कोयला, पेट्रोल आदि।

5. अन्न उत्पादन के लिए उपजाऊ भूमि।

6. **सूर्य की असीम कृपा:** सोलर ऊर्जा उपलब्ध कराने के लिए।

7. **मीलों का समुद्री किनारा:** जहाँ वायु विद्युत ऊर्जा के लिए प्रबंध किए जा सकते हैं।

8. **हर प्रकार के समयबद्ध मौसम:** सर्दी, गर्मी, वर्षा।

चिन्तन (भाग-2)
(खंड अ) मानव नवनिर्माण

नव-निर्माण के पहले यह पुनः स्पष्ट करना आवश्यक है कि समस्या क्या है, जिसका हमें समाधान खोजना है। समस्या यह है कि साइंस ने उच्च कोटि की प्रगति की है, निर्जीव जड़ को जानने समझने में, किन्तु स्वयं मनुष्य और उसके जीवन के बारे में "गहन खोज" की अभी शुरुआत भी नहीं हो पाई है। रासायनिक (Chemical), भौतिक (Physics) तथा मशीनी (Mechanical) जानकारी बड़ी तेजी से हासिल कर ली है, किन्तु मनोविज्ञान (Psychology) और समाजशास्त्र (Sociology) के क्षेत्र में हमें बहुत कुछ जानना, समझना शेष है।

मनुष्य जड़ और भौतिक जगत का विश्व-विजेता बन गया है बिना स्वयं को जाने और समझे।

मनुष्य-समाज का गठन अभी तक, बिना पूर्व विचार या निर्णय के; विज्ञान की खोजों, चंद धार्मिक व सामाजिक सिद्धांतों पर बिना प्रश्न उठाए होता रहा है। जिसमें मनुष्य-शरीर, मन-मस्तिष्क और आत्मा को समझने का प्रयास न्यूनतम आ रहा है। दूसरा भ्रम जिसमें मनुष्य-समाज अभी तक रहा है (विशेषकर पश्चिमी देशों का) वह है, "तमाम प्राकृतिक नियमों तथा संसाधनों पर अपना अधिकार, अपना वर्चस्व हासिल कर सकने की क्षमता। वह यह भूल गया कि प्रकृति उसका उल्लंघन करने वालों को कभी माफ नहीं करती। इसका प्रमाण है "ग्लोबल वार्मिंग" और मौसम में विनाशकारी बदलाव (Climate change)।

वैज्ञानिक जानकारी और उसके आधार पर उपलब्ध कराए गए अनेकों उपकरण (Gazets) व सुख-सुविधाएँ, संचार सुविधाएँ, रासायनिक पदार्थ खासकर दवाइयाँ, अत्याधुनिक चिकित्सा सुविधाएँ आदि तथा अन्य क्षेत्रों में अनगिनत उपलब्धियाँ। इन सबके रहते हुए भी, वे मनुष्य को आंतरिक सुख, शांति, उत्तम चरित्र, औरों के प्रति संवेदना आदि के श्रेष्ठ गुण दे सकने में विफल रहे हैं।

विज्ञान में सबसे अग्रणी (प्रथम), धन एवं ऐश्वर्य से संपन्न देश 'अमेरिका' का वर्णन वहीं के सुप्रसिद्ध लेखक डॉ. अलेक्सिस कॉरैल द्वारा दिया गया; उसके कुछ अंश यहाँ प्रस्तुत हैं जो परिस्थिति की गंभीरता को स्पष्ट करते हैं।

श्रेष्ठ दर्जे की स्वच्छता (Hygiene), शिक्षा के आधुनिकतम उपकरणों से सुसज्जित क्लास रूम आदि बच्चों में बौद्धिक गुणवत्ता (intellectual quality) गंभीर रूप से विचार करने की क्षमता, नैतिकतापूर्ण आचरण (Ethical behaviour) आदि नहीं ला सके हैं बल्कि ऐसे माहौल में पढ़ने वाले बच्चों में अपराधिक प्रवृत्तियाँ बढ़ी हैं। हम खबरों में आए दिन पढ़ते हैं कि स्कूल के बच्चे ने बंदूक उठा ली और अपने ही स्कूल के निर्दोष, मासूम बच्चों पर गोलियाँ चला दीं।

अमेरिकन समाज में अपराधिक प्रवृत्तियाँ (Criminal tendency) बढ़ रही हैं। अमेरिकन कानून-प्रवर्तन प्रशासक और FBI के पहले निदेशक जे. एडगर डूवर द्वारा की गई गणना के अनुसार, इन अपराधिक प्रवृत्ति वालों की संख्या पाँच मिलियन है। आगे वे कहते हैं कि "हमारा समाज, हमारी सभ्यता, इन अपराधिक, सच्चाई रहित आचरण और मानसिक कमजोरियों से प्रभावित हुए बगैर नहीं रह पाएंगे। इसके कुछ उदाहरण वर्तमान में दिखने लगे हैं। आम नागरिक आज भ्रमित है और निश्चित करने की स्थिति में नहीं है। साइंस और टेक्नोलॉजी द्वारा निर्मित

आधुनिक सुख-साधन, उनसे प्रभावित जीवन शैली और परिस्थितियाँ ऐसी होती जा रही हैं कि शांत, तनाव रहित जीवन जी सकना ही असंभव होता जा रहा है। सामाजिक संस्थाएँ भी इस कुप्रभाव से बच नहीं सकी हैं।

ये परिस्थितियाँ, मनुष्य के लिए संकट की घड़ी (Crisis time) पैदा कर रही हैं। इस परिस्थिति में एक सुसंस्कृत एवं संवेदनशील व्यक्तित्व के निर्माण के लिए क्या आवश्यक होगा, इस पर विचार करें। प्रथम आवश्यकता जो होगी वह है, आधुनिक या मौजूदा "जीवन-शैली" में परिवर्तन। यह बगैर भौतिक (Materialistic) और मानसिक क्रांति के संभव नहीं हो सकता। मनुष्य मॉडर्न टेक्नोलॉजी द्वारा दी गई सुविधाओं का इतना आदी हो चुका है कि इसमें कमी लाना, परिवर्तन लाना, अत्यंत कष्टदायी लगेगा किन्तु इस कष्ट को सहन करे बगैर अपेक्षित परिवर्तन भी संभव नहीं।

हमारे स्वयं के और वातावरण के पुन: गठन के लिए "विचार-धारा" में, "दृष्टिकोण" में परिवर्तन लाना होगा। समय आ गया है कि गलत धारणाओं को त्याग दिया जाए तथा उन विचारों और बंधनों से मुक्त किया जाए जो मनुष्य को कंक्रीट से बने भवनों और निर्जीव वस्तुओं में कैद किए हुए हैं। भौतिकवाद इतना प्रबल हो गया कि उसमें मनुष्य, अपना सच्चा स्वरूप, अपनी मानवता खो बैठा है। शारीरिक सुख और उसके लिए आवश्यक साधन ही प्रधान हो गए और सही जीवन का प्रकृति के प्रति सहृदयता का, मानव-समाज के प्रति संवेदना के मूल्य; नगण्य हो गए। इसका परिणाम यह हुआ कि विज्ञान का वर्चस्व (Superiority) स्थापित हो गया और मानवता नगण्य हो गई।

विज्ञान का विकास, महज विज्ञान की खातिर नहीं होना चाहिए, और न ही उसके तरीकों की श्रेष्ठता के आधार पर। उसके विकास

का लक्ष्य, मनुष्य का भौतिक और आध्यात्मिक विकास होना चाहिए।

मानव भावनाओं को उतना ही महत्व देना चाहिए जितना 'थर्मोडायनामिक्स' (Thermodynamics) को दिया जाता है यानी ताप और ऊर्जा के विभिन्न रूपों के परस्पर संबंधों को दिया जाता है।

भौतिक पदार्थों की अहमियत या उनका वर्चस्व कम हो जाना चाहिए। बौद्धिक क्रियाएँ (Mental activities) उतनी ही महत्त्वपूर्ण समझी जानी चाहिए जितनी कि शारीरिक क्रियाएँ (Physical activities)।

शिक्षा की मौजूदा प्रणाली में परिवर्तन लाना होगा। शिक्षा संस्थाओं स्कूल, कॉलेज एवं यूनिवर्सिटी को भी, नई शिक्षा प्रणाली के अनुरूप परिवर्तन अपनाना अनिवार्य रहेगा।

रोगों की रोकथाम के कार्य में लगे हुए स्वच्छता-विशेषज्ञों (Hygienist) को, यह विचार करना और उसे अपनाना होगा कि वे अपनी सोच और कार्य का दायरा केवल सूक्ष्म-जीवी कीटाणुओं एवं बैक्टीरिया के कारण होने वाले रोगों तक ही सीमित न रखें, बल्कि मानसिक अस्वस्थता (Psychological) के कारणों को भी उतना ही महत्व दें। उनके द्वारा केवल उस वातावरण पर ही ध्यान क्यों दिया जाता है जो शारीरिक रोग उत्पन्न करते हैं, और उस वातावरण पर क्यों नहीं, जो भ्रष्ट धन के बदले गैर-कानूनी कार्य करने से, अपराधिक प्रवृत्तियाँ (Criminality) और मानसिक अस्वस्थता पैदा करता है।

पैथोलॉजिस्ट (Pathologist) रोग-विज्ञान विशेषज्ञ, प्रिवेन्टिव-एण्ड-सोशल मेडिसिन शिक्षा विभाग के प्रमुख; इन सभी को अपने दायरे में "मानसिक प्रभावों" को अनिवार्य रूप से शामिल करना होगा जिनका प्रभाव निश्चित रूप से अन्य अंगों, जैसे- हृदय (Heart), श्वसन तंत्र (Lungs), पाचन तंत्र (Digestive system) आदि पर पड़ता है।

विभिन्न रोग-विशेषज्ञों को (Cardiologist, Opthalmologist, Gastroenteritis, Dermatologist, Orthopedician) आदि को एक General Physician को सम्मिलित कर एक इकाई (यूनिट) के रूप में कार्य करना होगा ताकि अस्वस्थ व्यक्ति को उसके संपूर्ण परिप्रेक्ष्य में समझा जा सके और पूर्ण स्वास्थ्य-लाभ पहुँचाया जा सके। अर्थशास्त्रियों (Economists) को इस मुख्य तथ्य को समझना और अपनाना होगा कि लोग सोचते हैं, महसूस करते हैं और उन्हें वेदना और कष्ट भी होता है जो उनके दिलो-दिमाग में आक्रोश पैदा करते रहता है। उनकी आवश्यकताएं केवल काम, भोजन और थोड़ा विश्राम ही नहीं, बल्कि धार्मिक और मानसिक भी हैं।

उन्हें यह भी समझना होगा कि अर्थव्यवस्था के बिगड़ने के कारण नैतिक (Moral) और बौद्धिक (Intellectual) भी हो सकते हैं। लोगों को फैक्टरी और बड़े औद्योगिक संस्थानों में, मशीन की तरह (यंत्रवत) काम करने के बाद, बहुमंजिला इमारतों (जो मुंबई जैसे औद्योगिक शहरों में 'चॉल' के नाम से जाने जाते हैं और अमेरिका में घेटो (Gheto) कहलाते हैं) जैसे स्थानों में सकरे, छोटे घरौंदों में रहना पड़ता है, आवश्यक सुविधा और स्वच्छता के अभाव में नरक जैसा जीवन जीना पड़ता है।

जिसे 'समृद्धि' (Prosperity) का नाम दिया जाता है वह है, कुछ थोड़े लोगों के ऐशोआराम के लिए, बहुतों की मेहनत और अभावग्रस्त एवं अमानवीय (Inhuman) जीवन जीना।

> This sacrifice of 'Mind' for 'Money' must stop Sacrifice of "Moral Dignity" to Economic Interest.

इससे यह भी स्पष्ट हो जाना चाहिए कि (Materialistic Gain) या (Materialism) धन आदि भौतिक वस्तुओं को जीवन में सर्वाधिक महत्व देने की प्रवृत्ति वाली सभ्यता के बंधन से मनुष्य को आजाद करना कितना आवश्यक है।

अब एक दूसरे दृष्टिकोण से, उस समाज को देखें, जिसे अपनी मॉडर्निटी पर गर्व है और जो स्वयं को पूर्ण विकसित मानता है। इस समाज में महिलाएँ, शराब और सिगरेट का सेवन करती हैं, पुरुषों की बराबरी करती हैं। अपना शरीर चंद प्रचलित मापदंडों के मुताबिक रखने के लिए अल्प भोजन करती हैं, चंद चुनिन्दा चीजें ही खाती हैं। गर्भधारण, संतानोत्पत्ति, शिशु को, आवश्यक शारीरिक एवं भावनात्मक पोषण हेतु स्तनपान कराना आदि पसंद नहीं करती हैं। सृष्टि ने जिसे नवजीवन सृजन करने की क्षमता दी है और इसके लिए नारी शरीर का विशिष्ट गठन किया, वही आज आधुनिक "फेमिनिज्म" (Feminism) के भ्रमित विचारों के चलते, उस अनमोल क्षमता को नकार रही है।

इसके विपरीत जिस मातृत्व के दर्शन भारत में होते हैं, उसका उदाहरण है, वह गरीब माँ जो दैनिक वेतन पर काम करने जाती है; तो उसकी पीठ पर उसका नन्हा शिशु बंधा होता है।

माँ से गर्मी प्राप्त करता हुआ, स्वयं को पूर्ण सुरक्षित महसूस करता हुआ, सुख और संतुष्टि की गहरी नींद में सोया हुआ।

काम की जगह पहुँचने पर वह मजदूर माँ, बाँस के चार छोटे टुकड़ों से एक कामचलाऊ झूला तैयार कर देती है, और अपने बच्चे को पेड़ की शीतल छाया में, उस झूले में सुला देती है और स्वयं मजदूरी के काम में लग जाती है। उसे मालूम है कि उसके बच्चे की भूख का समय कब होगा। वह ठीक समय पर आकर, अपने बच्चे को दूध पिला जाती है और फिर काम में लग जाती है।

बच्चे पर इसका प्रभाव न केवल शारीरिक बल्कि मानसिक रूप से, बड़ा गहरा पड़ता है। माँ का यह प्यार भरा सानिध्य, बच्चे के मन, मस्तिष्क पर गहरा प्रभाव डालता है; सुरक्षा का, भोजन-प्राप्ति की सुनिश्चितता का, स्नेह और अपनत्व का; ये संतुष्टि भविष्य में उसके व्यक्तित्व के गठन में, नींव के पत्थर का काम करती हैं।

मजबूत व्यक्तित्व की ठोस बुनियाद की झलक उस मजदूर में स्पष्ट दिखाई देती है, जो सड़क के किनारे एक पेड़ की शीतल छाया में, गहरी नींद में सो जाता है। इसके विपरीत अमेरिका के वे ऐश्वर्य संपन्न लोग हैं, जिन्हें सोने के लिए नींद की गोलियाँ लेनी पड़ती हैं।

पश्चिमी देशों, जैसे–नॉर्थ अमेरिका, कनाडा, यूरोपीय देश, जैसे–फ्रांस, इंग्लैंड, स्कैन्डिनेवियन देशों, जैसे- नार्वे, डेनमार्क, स्वीडन, फिनलैंड आदि की जनसंख्या घट रही है। उनके लिए यह एक चिंता का विषय बन चुका है। कनाडा द्वारा अन्य देशों के लोगों को, वहाँ जाकर बसने के लिए हमेशा आमंत्रित किया गया है।

केवल जनसंख्या का घटना ही चिंता का विषय नहीं है, बल्कि जनसंख्या में 'उत्तम नस्ल' के लोगों का घटना और भी अधिक चिंताजनक है। पढ़े-लिखे, स्वस्थ, सुसंस्कृत व संपन्न परिवारों में कम बच्चे जन्म ले रहे हैं जबकि निचले सामाजिक तबके के लोगों में, जैसे-मजदूर व किसान परिवारों में अधिक बच्चे पाए जाते हैं।

इटली ने जनसंख्या समस्या व्यक्त की है कि उसकी जनसंख्या कम तो है ही किन्तु साथ-साथ उसमें वृद्ध लोग अधिक हैं, मेहनत कर सकें ऐसे युवा वर्ग के लोग कम हैं।

चिन्तन (भाग-2)
(खंड ब) मानव नवनिर्माण

"मानव नवनिर्माण" पर विचार करते समय हम प्रकृति के इस शाश्वत नियम को मान्यता दें, जो उसके द्वारा सदियों से सजीवों के क्रमिक विकास (Evolution) के लिए उनकी 'गुणवत्ता व मजबूती' को आधार मानती आई है। उसकी सृष्टि में वही टिक पाया है जिसकी शारीरिक गुणवत्ता श्रेष्ठ हो। प्रकृति के इसी नियम को मानते हुए हम "उत्तम नस्ल" को प्रथम प्रधानता देते हुए इस पर विचार करेंगे।

कुछ बीमारियाँ वंशज होती हैं, जो माता-पिता से अनिवार्य रूप से 'आनुवांशिक जीन' के द्वारा संतान में आ जाती हैं। निर्दोष संतान को आजीवन उस बीमारी का दंश झेलना पड़ता है। कुछ बीमारियाँ जो वंशज नहीं हैं, किन्तु एक व्यक्ति से दूसरे को लग जाती हैं, जैसे–सिफिलिस, गोनोरिया आदि।

ऐसे व्यक्तियों को विवाह नहीं करना चाहिए, किन्तु यदि उन्होंने विवाह करने की ठान ही ली हो तो फिर उनमें से एक को नसबंदी ऑपरेशन अपनाना चाहिए।

उत्तम नस्ल की या नींव की प्रधानता के बाद अब शरीर की मजबूती और उसके समुचित विकास की आवश्यकता व प्रधानता पर विचार करें। भोजन का शरीर के गठन, मजबूती, विकास और सुदृढ़ता पर पड़ने वाले प्रभावों को ध्यान में रखते हुए यह सुनिश्चित करना होगा कि–

- **खाने की वस्तुएँ** जितनी अधिक उनकी कुदरती अवस्था में खाई जाएँ, वही स्वास्थ्य के लिए लाभप्रद होगा किन्तु आधुनिक जीवन शैली, शहर की ये लंबी दूरियाँ, ये भाग-दौड़, ये व्यस्तता, इनके बीच "Ready to eat" food pack, Tinned food and fruits खाने का चलन बन चुका है। इन सब में रासायनिक प्रिजरवेटिव शामिल रहते हैं, जो शरीर की कुदरती बनावट के बिल्कुल अनुकूल नहीं होते, और इनकी पौष्टिक गुणवत्ता भी घट जाती है।

  भोजन में पाए जाने वाले रासायनिक पदार्थों का शारीरिक और मानसिक क्रियाओं पर क्या प्रभाव पड़ता है, इस पर पर्याप्त शोध कार्य नहीं हो पाया है। जो भी प्रयोग हुए हैं वे बहुत कम समय के लिए हुए हैं।

- **भोजन शाकाहारी हो:** व्यक्तिगत स्वास्थ्य संरक्षण के लिए हाई ब्लड प्रेशर, हार्ट अटैक, पैरालिसिस से बचने के लिए।

- पर्यावरण संरक्षण के लिए।

- पशुओं के जीने के अधिकार को मान्यता देने के लिए।

शरीर को बलशाली बनाने के लिए: समुचित व्यायाम, शरीर के प्रत्येक अंग का पूर्ण विकास और मजबूती के लिए योगाभ्यास सबसे उत्तम माना गया है। हठ योग में साँस का व्यायाम (breathing exercises) भी शामिल है। भारत के ऋषियों द्वारा बताई गई विधि को पश्चिमी देश भी अपना रहे हैं। पूरे विश्व में 'योग दिवस' का मनाया जाना एक अच्छा संकेत है।

अब हम उस महत्त्वपूर्ण मुद्दे या पक्ष पर आते हैं जिसे प्रत्येक माता-पिता को समझना और अपनाना चाहिए और वह है–मनुष्य शरीर की, विषम या विपरीत परिस्थिति में, स्वयं को, उनका मुकाबला करने योग्य ढालने की क्षमता। इस क्षमता का विकास तभी संभव होता है

जब बचपन से सर्दी, गर्मी, वर्षा इन मौसमों को झेलने व सहने के मौके दिए जाएँ। किन्तु, आधुनिक समय में, साइंस टेक्नोलॉजी ने ऐसे सुख साधन उपलब्ध करा दिए हैं; जैसे–गर्मी में ए.सी. (वातानुकूल घर, स्कूल बस, क्लास रूम आदि), सर्दी में रूम हीटर आदि की मौसम की विषमता सहने के अवसर ही नहीं बचे और इसके साथ ही मनुष्य शरीर की प्रतिरोधक सहन शक्ति भी खत्म हो गई।

मौसम, आबोहवा (Climate), जमीन (भूमि) भोजन इनके भौतिक एवं रासायनिक (Physical and Chemical) प्रभावों का उपयोग; बचपन से ही शारीरिक सहन शक्ति और मन की दृढ़ता लाने में किया जा सकता है। किसी कार्य को लंबे समय तक जारी रखने की क्षमता, विषम परिस्थिति में रह सकने की क्षमता (Endurance) ये गुण, ये क्षमताएँ, पर्वतीय क्षेत्रों में रहने वाले लोगों में स्पष्ट रूप से देखे जा सकते हैं अथवा उन क्षेत्रों में जहाँ मौसम (जैसे– वर्षा, गर्मी, धूप, बर्फीली ठंड) अपनी चरम सीमा पर रहते हैं।

उपरोक्त इन सभी बातों का महत्व ध्यान में रखते हुए प्राचीन भारत की शिक्षा प्रणाली "गुरुकुल शिक्षा" अपनाए हुए थी। प्राचीन भारत के ये शिक्षा संस्थान, वनस्थली में हुआ करते थे। कम उम्र से ही बच्चों को यहाँ शिक्षा लेने भेज दिया जाता था। विद्यार्थी प्रकृति के समीप रहते थे। उसके हर घटक से, उसके हर मौसम के बदलाव के महत्व को समझते थे और सहर्ष झेलते थे। इससे उनके शरीर की सहन शक्ति और प्रतिरोधक शक्ति दोनों मजबूत होती थी। वे पेड़ों की पत्तियों, बाहरी छाल और जड़ों आदि की औषधि के रूप में गुणवत्ता को पहचानते व सीखते थे। वन्य प्राणियों तथा उनके स्वभाव पहचानते थे। प्रत्येक के महत्व व परस्पर निर्भरता से परिचित होते थे।

अपनी दैनिक जरूरतों के लिए आवश्यक कार्य वे स्वयं करते थे। वे मशीनों पर निर्भर न थे।

गुरुकुल शिक्षा पद्धति से उन्हें उत्तम स्वास्थ्य, उत्तम प्रतिरोधक शक्ति, प्रकृति का, प्राणिजगत का, रोग और औषधियों का तथा विशिष्ट विषयों का, जैसे–भाषा, साहित्य, गणित, भूगोल, प्रकृति व ऋतुएँ, उचित आचार-विचार, संस्कृति, मानव धर्म आदि विषयों का प्रत्यक्ष ज्ञान प्राप्त होता था।

उस शिक्षा ने ज्ञानवान, सुसंस्कृत, शरीर एवं चरित्र से बलशाली युवक तैयार किए। उनकी शिक्षा संस्कृति, यह विश्वास पैदा करती थी कि प्रकृति की, सृष्टि की रचना में हर प्राणी का (यहाँ तक कि प्रत्येक सूक्ष्मजीवी (Micro-organisms) का एक विशेष महत्व है। अत: अहिंसा व शाकाहारी भोजन महत्त्वपूर्ण है।

उनकी शिक्षा यह विश्वास पैदा करती थी कि मानव प्रजाति एक है अत: "वसुधैव कुटुम्बकम"।

समस्त मानव जगत, प्राणिजगत, वन-वनस्पति, पशु-पक्षी सभी का सामंजस्यपूर्वक रहना जरूरी है।

वर्तमान समय में 'गुरुकुल शिक्षा' असंभव प्रतीत होती है किन्तु बच्चों को, विश्व के भावी नागरिकों को उस शिक्षा प्रणाली से बचाना भी अत्यावश्यक है जो अत्याधुनिक टेक्नोलॉजी से सुसज्जित, मॉडल क्लास रूम में, पूर्ण विकसित (fully developed) देशों में दी जाती है। इन मॉडल क्लास रूम में बच्चे, विषयों का ज्ञान स्वचलित इलेक्ट्रॉनिक बोर्ड पर दर्शाई जा रही जानकारी द्वारा प्राप्त करते हैं। ऐसे भावना रहित प्रकृति से दूर, प्राणिजगत से दूर, वातावरण में दी गई शिक्षा भविष्य के लिए किस प्रकार के मानव का निर्माण करेगी? इसलिए यह आवश्यक है कि गुरुकुल शिक्षा और अत्याधुनिक मॉडल स्कूल शिक्षा के बीच का तरीका अपनाया जाए। पश्चिम से आया हर तरीका केवल इसलिए नहीं अपनाया जाना चाहिए कि वह 'डेवेलप्ड' देशों से आया है इसीलिए अनुकरणीय ही होगा।

अब हम यदि शिक्षा के विषय पर ध्यान केन्द्रित करें तो यह पाएंगे कि मनुष्य के व ग्रह पृथ्वी के अस्तित्व के लिए जो दो आवश्यक विषय हैं वह पाठ्यक्रम में हैं ही नहीं। तो आइए, इन पर ध्यान दें। ये विषय हैं–

1. जीवित रहने के लिए क्या आवश्यक है और वह किनसे प्राप्त होता है: सर्वप्रथम 'प्राणवायु ऑक्सीजन' और यह हमें

    (अ) वृक्षों से प्राप्त होती है, इसलिए वृक्ष बहुमूल्य हैं।

    (ब) भोजन के लिए अन्न, वह हमें भूमि से प्राप्त होता है, इसीलिए भूमि बहुमूल्य है।

    (स) भोजन के बिना तो कुछ दिन रहा जा सकता है किन्तु 'जल' के बिना नहीं इसीलिए 'जल' बहुमूल्य है। अत: जल के स्रोतों को प्रदूषित न होने दिया जाए।

2. हमारा एकमात्र घर, ग्रह पृथ्वी है इस पर किस प्रकार रहना चाहिए कि इसे हानि न पहुँचे अर्थात्–

*   पृथ्वी पर रहने की सही रीति-नीति या तरीका बच्चों की प्रारंभिक शिक्षा के साथ, ये विषय आकर्षक चित्रों, कहानियों और गीतों आदि के द्वारा अवश्य पढ़ाए जाए और बाद में ऊँची कक्षाओं में इन विषयों की विस्तृत जानकारी दी जाए।

मानव नवनिर्माण की शिक्षा में चरित्र गठन पर समुचित ध्यान दिया जाना भी अत्यंत जरूरी है, जिसमें अन्य मनुष्यों व प्राणियों के प्रति संवेदना, करुणा, सहानुभूति, परस्पर निर्भरता तथा देश की संस्कृति आदि पढ़ाया जाए। सही शिक्षा के ये प्रमुख आधार माने जाएँ।

संदर्भ सूची (References)

1. "Ignited Minds" by A.P.J. Abdul Kalam

2. "Why Europe became rich and Asia did not" by A. Parthsarthy

3. "Mind is your own business." by Sadhguru

4. "Man the Unknown" by Dr. Alexis Carrel

5. "Shadows of forgotten ancestors" by Carl Sagan

6. Times of India – Scientific informations given under "Times Evoke" articles